JN096737

自閉症児のことばを育てる発達アプローチ

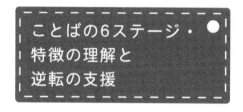

ことばの6ステージ・
特徴の理解と
逆転の支援

臨床心理士 矢幡 洋 著

はじめに

　発達アプローチは、アメリカで ABA（応用行動分析）に次ぐ大きな影響力がある自閉症療育法です。

　発達アプローチは、定型発達児の発達過程をモデルにして、自閉症児の成長段階（ステージ）を想定します。そして、大人が主導するのではなく、子どもの興味・関心が主導することこそが、療育の効果を上げるとしています。

　特に、自然な場面で学習することを重視しているため、ことばや社会性を伸ばすハウツーとして非常に優れていて、家庭の日常の中で実施しやすい療育方法です。そして、"楽しいこと"が特徴です。

　この本は、ハネン・センター（カナダに拠点を置く教育機関。自閉症児のことば育ての家庭教育ハウツー開発を目的としている）の家庭療育法を中心に、発達アプローチのいくつかの流派の技法と、私自身の実践体験の中から、自閉症児のことばの療育に特に重要なものをピックアップしました。

　第 1 部では、従来行われているアプローチに少し工夫を加えると、より自閉症児の「ことばが伸びる」方法を、第 2 部では、自閉症児のことばの成長段階を 6 ステージに分け、各ステージの基本と特徴、「その手があったか！」と思わせる逆転の発想のアプローチ方法をお伝えします。

　6 つのステージに分けたことで、「今のレベルに適したアプローチは？」「次に何をやればよいのか」という見通しが一気に開け、療育の視界が一変することと思います。

2023 年 9 月　　矢幡 洋

1部 従来のアプローチに工夫を加えて 自閉症児の"ことばを引き出す"

1 いっぱい話しかける

2 音声模倣

3 絵カード

4 絵 本

5 ほめる

6 今日は何があったの？

2 部 "発達アプローチ" ことばの6ステージ 基本理解と逆転の支援

1 章 ことばのない段階

1部

従来のアプローチに
工夫を加えて
自閉症児の
"ことばを引き出す"

1

話しかけは
単語数と
タイミングで
効果が決まる

ネット動画の中の"無言語自閉症児"

　私は、インターネットで日米の自閉症児の動画をよく見ます。動画では、積み木を高く積み上げ、崩れた積み木をまた単調に積み上げる……ペットボトルを延々と叩き続ける……そんな年少児の背後から、親ごさんが懸命に声をかけています。「返事が全く返ってこないのに、よくこんなに根気強く続けられるものだ……」と、感心せずにはいられません。

　「こんな様子が自閉症です」「わが子が自閉症かどうか？悩みの中にいる親ごさんに、ぜひ情報を提供したい」という真剣な思いが伝わってくるものばかりです。

　しかし、同時に残念な気持ちにもなります。声かけのやり方を少し変えるだけで、劇的に子どもは変わるからです。

● フェイス・トゥ・フェイス

　私は、動画の親ごさんへ、最初に次のアドバイスをしたいです。「まず、子どもの正面に回り、視線が同じ高さになるようにしましょう」と。

　必ずしも、アイコンタクトが成立しなくても、子どもがちょっと視線を動かすだけで、簡単に大人の顔を見ることができるポジションであれば十分です。

　定型発達児は、音楽よりも女性の声を好む、カラフルな模様よりも人間の顔に興味を持つなど、人間の顔からやってくる情報を好むという遺伝的な傾向を持っています。この傾向を基に、０歳段階で発音・共感性・言語理解など、膨大な量の学習が進みます。

　自閉症児は、定型発達児に比べると他人の顔への興味が乏しいため、この学習の機会を大きく失ってしまうのです。

　自閉症児が最初に学ぶべきことは、"人間の顔からは、たくさんの重要で楽しい情報がくる"ということです。フェイス・トゥ・フェイスは、療育の最初の鍵です。

ことばへの理解力と発話力は比例する

　昔は専門家から、「いっぱい話しかけてあげてください」という
アドバイスがよくされたものです。しかし、無言語の自閉症児が、
“いっぱいの話しかけ”を理解することができるでしょうか？

　ことばは、まず“ことばの意味を理解”し、次に“それを使える
ようになる”という順序があります。生後10カ月児は、約70語を
理解していると言われています。ことばを発する前に、ことばへの
理解力が先に育つのです。

　では、無言語の自閉症児に、多くのことばへの理解力が期待でき
るでしょうか？

　確かめるために、「おいで」「座って」「お靴はいて」「脱いで」な
ど、ごく日常的な指示をしてみましょう。これらの指示に従えるの
なら、そのことばを理解できていることになります。

　従える指示が数個以下しかなければ、ことばはほとんど理解できていないと考えてよいでしょう。

　指示をほとんど理解できない子に"いっぱい話しかける"ことは、自閉症児の耳に意味不明な単なる音の羅列を素通りさせているにすぎないことになります。

　私たちがお葬式で、お坊さんが唱えているお経のことばを、「ちんぷんかんぷんだなぁ〜」と思いながら聞き流している経験と似ています。それは、ことばの理解にはつながりません。

① ことばの理解を確実にする "話しかけ" の方法

（1） ワン・アップ・ルール

　ことばの理解力は、表現力よりも先に伸びます。では、ことばを理解できるようになるための、有効な話しかけとはどのようなものでしょうか？

　それは、"語数を制限して話しかける" です。話しかける時に、大人が構成する文の名詞・動詞などの単語数を制限します（ここでは、いわゆる "てにをは" などの文法語は勘定に入れていません）。

　つまり、"短い文で話しかけましょう" です。

　自閉症療育の海外文献には、「ワン・アップ・ルール」という標語があります。子どもが構成する文の単語数よりも、一つ多い単語数に語数をとどめるというルールです。

　無言語の自閉症児であれば、０プラス１で "一語" です。つまり、まだことばがない子どもに対しては、なるべく "単語一つで、話しかける" ということです。

（２）　実物を示しながら話しかける

　単語でものを伝える時、実物を示しながら発語するとさらに効果が大きくなります。ことばが出ない場合、音声が現実に対応することが理解できていない場合があるからです。

　例えば、入浴後にタオルを差し出しながら、ゆっくりはっきりと、「タ・オ・ル」と話しかけます。

　この時、あらかじめたくさんの果物・野菜などを手元に置いておいて、ドリルのように次々に言っていくようなやり方をとらないようにしましょう。

　あくまでも、生活の自然な流れの中で話しかけます。

> **POINT**：日常生活は、けっこう単語一つで足りてしまいます。現実的には、無言語自閉症児への話しかけは、多くても三語以内を心がけます。

ワン・アップ・ルールには、"次のステップのモデルを示す"というもう一つの意義があります。

一語での表現が可能な子どもには、二語文の理解力が期待できます。単語での発語が中心となっている子どものステップアップのために、大人が二語文で話しかけ、モデルを見せます。

● 子どもの発語がない：大人は一語（０＋１）

● 子どもの発語が一語：大人は二語（１＋１）

● 子どもの発語が二語：大人は三語（2＋1）

　ワン・アップ・ルールは、子どもが二語文中心の場合までで考えればよいと思います。大人でも、とっさに三語文を発話するのは、意外と難しいものです。

　二語文以上の場合には、多くは形容的な語を使います。例えば、子どもがミニカーを「ミニカー　走れー」と言った時に、「赤いミニカー　走れー」とものを形容する語（赤い）を入れます。

POINT：単語数を限定した短い文章を、ゆっくりと言います。この時、歌うような節をつけるなどして面白く言うと、子どもの注意を引くことができます。

② ことばの理解を確実にする "話しかけ" のタイミング

（1） 生活ルーティンの中で声かけ

　ここでもう一度、無言語自閉症児に話を戻します。生活の中には、プロセスのパターンがほぼ決まっていて、ルーティンとなっている活動があります。手を洗う、着替え（オムツ替えも含む）、オヤツ、入浴、入眠準備などです。

　このような毎日くり返される生活ルーティンの中では、無言語自閉症児でも、ひとまとまりのプロセスとして理解していて、"次に何がくるか" を理解している場合が多いです。

　そこで、生活ルーティンを子どもと行う時、毎回定型的なことばを使うようにします。流れがわかっているので、子どもにとって、ことばが現実の何と対応しているのかわかりやすいのです。

　例えば、洗面所で手を洗う時、「お手て、洗う」と言ってから手を洗います。さらに、手を洗っている間に「お手て」（または「洗う」）とだけくり返します。

　この時、子どもに音に興味を持ってもらうために、楽しい言い方をしてみます。

例えば、「お手て、洗う、お手て、洗う！お手て、洗う〜♪」と
いうように、声の大きさや高さを変えたり、節をつけたり、楽しく
台詞をくり返します。

毎日のルーティンのたびにくり返し、ある日、子どもに「お手て、
洗う」と言った時に、子どもが洗面所を見たら、「オテテアラウ」
の音声と"手洗い"のルーティンが結びついたことになり、一つの
言語を理解できたことになります。

POINT：この時、石鹸、お水、ゴシゴシなど、アクション一つひと
つのことばは添えません。理解する言語が多くなりすぎてしまうから
です。また、子どもがその言語を聞いてから、次のアクションに移る
という、指示待ちパターンをつくらないためでもあります。

（2）　関わり遊びは声かけの絶好のタイミング

　子どもに語りかける機会はもう一つあります。無言語の子どもへのアプローチは、親子が直接接して遊ぶ「関わり遊び」が最適です。玩具はほとんど使わず、親と子で体を使って行われる遊びのことで、「たかいたかい」や「いないいないばあ」「くすぐり」などです。

　関わり遊びでは、開始・終結時や、タイミングのいいところで「はじめ！」「おしまい！」などと、必ず毎回同じかけ声を入れましょう。他の関わり遊びでも、わかりやすい変化があるところに毎回同じかけ声を入れます。

● 「いないいないばあ」

　子どもにゆっくりとタオルなどを近づけながら、「いないいない〜」と楽しそうに言います。そして、子どもにタオルを一瞬被せ、次に「ばー！」と言いながら取り去ります。

　子どもの視界が開けた時に、親ごさんの面白い表情が真正面に見えるようにします。

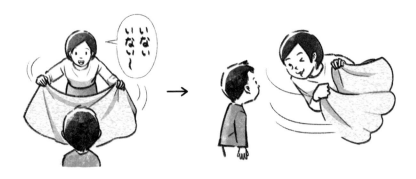

●「たかいたかい」

「たかいたかい……」と言いながら、子どもの両脇に手を入れて高く上げ、親ごさんの顔を見下ろせる位置で「たかい」と楽しげな声を出し、「おしまい」と言いながら下ろします。

　子どもがいずれかの関わり遊びを気に入ったら、毎日でも実施します。子どもが飽きてきたら、バリエーションを加えましょう。
　体と体で遊んでいると、不思議と子どもが楽しめそうな遊びのアイデアが浮かんできます。

POINT：関わり遊びは、無言語自閉症児には、子どもが特に何もしていない時に、「○○、はじめ！」と開始を宣言して、一方的にしかけてもかまいません。

無言語自閉症児のことばを伸ばす
効果的な声かけを「いっぱい（頻度）」する

　自閉症児は、ものの世界のとりこになっています。それは、他者や文化から遮断されたカプセルの中に一人でいるようなものです。

　そこがどんなに自閉症児にとって楽しい場所であろうとも、私たちは、子どもを対人関係の世界に取り戻さなければなりません。「こっちのほうが楽しいよ！」と。

　無言語自閉症児に使える療育手段は限られていますが、その中でも、関わり遊びは中心的なものです。なるべくフェイス・トゥー・フェイスになる体勢をとりながら、1回ごとは短くてもよいので、トータルすると長い時間になるぐらいやる必要があります。

　子どもが親ごさんのほうに視線を向ける回数が増えるなど、なんらかの変化が起こります。

私がよく用いる関わり遊びは、「くすぐり」です。「くすぐり」は、海外の療育書などでもまず出てくるポピュラーな方法です。自閉症児に限らず、子どもはくすぐれらる感覚、軽く圧迫される感覚などを好みます。私は今まで、「くすぐり」をしかけて嫌がられたことがありません。

　日常のルーティンや関わり遊びで、短いことばを投げかける機会を頻繁に持ちましょう。
　「いっぱい話しかけて」は、頻度が要です。確実な成果に結びつく効果的な声かけを、"いっぱい"しましょう。

③ 早い時期から 会話の基礎をつくる方法

（1）　会話のルール（ことばのキャッチボール）

　「いっぱい話しかけてあげなさい」で、大人がしゃべり続けてしまうことには、もう一つ問題があります。会話の本質は、"ことばのキャッチボール"ということです。

　会話は、"二人の話者が順番で発話する"というルール（言語学でターン・テイキングと言います）を持っています。相づちのような短いものを使っても、順番のルールは守らなければならないのです。

　背中を向けた自閉症児に延々と語りかけているという図は、この会話のルールを守っていません。子どもの反応におかまいなしの、一方的な独演会に陥ってしまいます。

　子どもの反応が期待されていないと、ますます子どもは「この音は無視してよい」という構えを強めます。

　私たちの体験で言えば、ラジオの一方的なトークを聞き流しているようなものです。別に応答することを期待されているわけではないので、注意を向けなくてもよくなってしまいます。

（2）　微笑んで子どもを見つめる（ワンポーズ）

　実は、ことばを引き出すためには、"子どもがことばを出すのを期待して、微笑みながらじっと子どもを見つめる"が、必須です。

　話しかける時は、必ず短く発言を終え、微笑みながら子どもを期待の目でじっと見つめます。この、「次は君の番だよ！」というサイン、ワンポーズは、全ての子どもに重要です。

ワンポーズ
↓

　最初は、ワンポーズをおいても子どもは音声も出さず、大人に視線を向けることもないかもしれません。その場合は、子どもが順番をパスしたものとして、大人が次のことばや働きかけをします。

　結果的に、大人は一言ごとにワンポーズを入れながらの声かけになるかもしれませんが、毎日、無言の関わり遊びが続いたとしても、微笑んで期待の視線を向けるワンポーズを根気強く入れ続けましょう。

（3）　質と量のバランス（ビー・バランスド）

　子どもが発する文が三語以上になると、大人もいちいち「ワン・アップ・ルール」を勘定しにくくなります。そこまで子どものことばが伸びたら、「ビー・バランスド」を心がけます。

　「ビー・バランスド」とは、大人が一方的にしゃべり続けたり、子どもの発話よりはるかに複雑な構成の文章を話したりすることなく、子どもの発話と量も質も大体のバランスがとれるようにすることです。

関わり遊びの中で最初の発語が出ることも

　私が関わった子どもに、最初に出たことばが「バー」だった子どもがいました。そのころ頻繁に「イナイ、イナイ、バー」をやっていたので、その「バー」だろうと思いました。

　確証があったわけではありません。しかし、曖昧な場合でも、周囲が「イナイ、イナイ、バー」の「バー」を言っていると解釈し、そう言っているものとして接したほうが、ことばは伸びます。

　子どもが「バー」と言うたびに、大人は手を広げて親指を頬につけて「バー」とすかさず返してあげます。子どもが、"「バー」と言えば、あの面白い「イナイ、イナイ、バー」をやってくれる"と受け取ってくれれば、「バー」と発声する頻度はますます増え、発声ははっきりとしてきます。

　ことばの出始めには、複数のことばの不完全な発声が聞かれることがあります。これらの音声（メモしておきましょう）を聞き逃さず、「既にことばが出ているもの」として対応すると、定着は早まります。大人が気がつかないと「ことばの芽」は消えてしまいます。

2 音声模倣

音声模倣が
難しい子には
新しい音が
自然に出る工夫を

アイウエオしか発音できない少年

「新しく入ったお子さん、アイウエオしか発音できないんですよ」。私が働いている児童発達支援所の管理責任者から、こう聞かされました。会ってみると、3歳の男の子で根は明るい感じで、一生懸命話そうとしてくれるのですが……「おはよう」→「オアオウ」、「お弁当」→「オエンオウ」、「タオル」→「アオウ」です。なぜ、こんなことになったのでしょうか？

● 口の中は見えないので "子音は難しい"

アイウエオの発音をマスターする……それだけでもこの少年にとっては大変なことだったに違いなく、私は敬意を持ちました。次の行の「カ」になったとたん、どんなにやっても男の子は音を出せなかったのでしょう。

カ行の音は、五十音の中での難易度は中の上ぐらいです。「カ」の音が出る直前に、舌の奥を口腔上部にちょっとくっつけ、それを離すと同時に息を出さなければなりません。

アイウエオで、「口の形を変えればよいのだな」と思い込んだ男の子は、先生の口の形を観察して真似しようとしたのかもしれません。しかし、外から見える口の形だけを変えても、子音は出せないのです。

子音は、全て口の中の微妙な調整によって息の出方を変化させることでつくり出される音です。観察不可能な子音のほうが、母音よりも難しいのです。

自閉症児は、視覚的学習者である場合が多いです。つまり、目で見えるものから判断しようとする傾向が強く、"聞いて覚える" などの聴覚を使った "耳から学ぶ" ことは苦手です。

口の形という目で見えるもので判断するパターンに陥らないように、ア行音から発音練習を始めないほうがよいのです。

自閉症児は模倣が苦手、特に音声模倣が

　そもそも自閉症児には、大人が発音した音なり、語・文なりをくり返させるアプローチ（例えば、「コンニチワって言ってごらん。さぁ……」）は、原理的に困難です。実は、自閉症児は"模倣"がとても苦手なのです。

　模倣にもいろいろな種類があります。それを簡単な順に並べると、
　１、ものを伴った動きの模倣（太鼓を叩くのを真似するなど）。
　２、ものを伴わない体だけの動きの模倣（手遊び歌など）。
　３、顔の表情の模倣。
　４、音声模倣。
　の順になります。

　模倣は、子どもにとって身辺自立から教科学習まで、あらゆる学習の基礎です。では、どうして、自閉症児は模倣をしないのでしょうか？

　最も模倣を重視した療育アプローチ、「アーリースタート・デンバーモデル（ESDM）」は、"自閉症児は、人のほうを見ないから"というシンプルな仮説を立てています。
　つまり、模倣する能力自体は持っているのですが、それを発達上の適切な時期に使わずにすぎてしまったため、模倣スキルが伸びないままになってしまったというわけです。

　ESDM は、最も模倣を重視し、簡単な順に模倣スキルを伸ばし
ていくアプローチを練りあげましたが、それでも子どもに、「新し
い音を模倣するように要求してはならない」と強調しています。

　自閉症児にとって、音声模倣は難関なのです。

新しい音を出すために
構音(発音)力を強化する方法

　そもそも日本語を構成する音を出せなければ、ことばを発することはできません。

　ごく短いことばを言う時でも、舌・唇・口内の各種の筋肉の運動を協調させることによって、音は出されています。それがわずかに狂っただけで正確な音にはなりません。

　このように、多くの口に関係する筋肉を協力させて音をつくり出すことを、"構音"と言います。

（1）　楽しめる活動で楽しい声を自然に出す

　発音できる音がとても少ない子どもには、積極的に音を出そうとしない静かなタイプの子が多く見られます。

　このような子どもたちには、まず、声を出すことに積極的になるように働きかける必要があります。

　そのためには、大人と一緒になって楽しめる活動をします。「たかいたかい」でも、「鬼ごっこ」でも、大人と手をつないでタイミングを合わせてクッションの上に飛び乗ったり、飛び下りたりする遊びでもかまいません。

　この時、「声を出すって楽しい！」と子どもが思えるように、大人が先導して、楽しい声をあげるようにします。子どもからも少しずつ声が出て、にぎやかな遊びになれば言うことなしです。

　にぎやかに遊びながら、子どもから今まであまり出たことがない音が出たら、すかさずその音を真似して、新しい音が定着するようにします。

（2）　楽しいことで自然に口腔の筋肉をつける

　息を吐き出す勢いが弱い子どももいます。誕生日ケーキのろうそくの火を消せるでしょうか？ジュースの中に入れたストローを吹いて泡を出せるでしょうか？難しければ、口腔の筋肉をつける必要があります。

　口まわりの筋肉を強化するには、自然に口まわりの筋肉の動きが変わる遊びが有効です。
　例えば、笛を吹いて見せてから、子どもに渡します。笛を吹くことが主な目的になっていても、自然に口まわりの筋肉を未体験の形になるようにコントロールすることができます。

　笛だけではなく、風車を吹いて回す、ストローで机の上のピンポン玉を吹いて大人と競争するなど、いろいろな遊びがあります。

　吐く息の強弱を調整するためには、しゃぼん玉のような、強く吹きすぎると失敗する遊びが役に立ちます。

　私は、アイウエオしか発音できない少年に、この項で書いたことから始めました。少年の子音のバラエティも増し、滑舌が悪いながらも、大半のことばがなんとか聞きとれるまでの発音ができるようになりました。

3 絵カード

絵カードに
頼らずに
ことばを増やす

私もはまった絵カード療育

　私が、自閉症の娘との記録を記した『数字と踊るエリ』（講談社）を出版してから11年。当時小学生だったエリは、世間的には中堅とされている大学に一般入試で合格し、無事に卒業にこぎつけました。

　これだけで言えば、多くの方から療育成功例と言っていただけるかもしれません。しかし、コミュニケーション力の面を見ると、多くの課題を残してしまいました。

　私には、「よくぞここまで」という思いと、「あれだけやっても、ここまでなのか」という思いが入り乱れます。

　「あの時、あれをやって果たして効果的だったのだろうか？」という疑念に悩むことが今でもあります。

● 絵カードは有害？

　疑念の一つは、絵カードの作成に膨大な時間を費やしてしまった
ことです。当時は、発達障害ということばもまだなく、ABA の療
育書がほんの数冊手に入る程度の情報しかありませんでした。きれ
いな絵カードなども販売されていませんでした。イラストデータが
付録のイラスト集を買ったり、イラスト作成ソフトを使ったり、時
間もお金もかけ、睡眠時間を削って絵カードを作成しました。

　しかし、それほど労力を投下したのに、「絵カードは有効だった」
という実感が残っていないのです。

　その後、児童発達支援所で児童発達管理責任者となり、個別療育
を担当する立場になりました。

　職場には、絵カードが溢れていました。熱心なスタッフは、絵
カードを見せてことばを言っていきます。子どもの視線は、あっち
へ行ったりこっちへ来たりで、絵カードを見ているわけではありま
せん。私は、そんな情景を見ながら、「何か別の働きかけをやった
ほうがいいんじゃないかなあ？」と思ってしまうのです。

　絵カードの使用が過剰になっている現場で、日常生活ではことば
が出ず、絵カードを見たとたんに単語を言う自閉症児を何度か見か
けました。ことばが絵カードに結びついてしまい、ことばと現実
とが結びつかないまま、"使えることば"が身につかなかったので
しょう。胸が痛くなります。

　海外の著名な専門家の中には、はっきりと「絵カードは有害」と
言い切っている方もいます。

子どもは"注意の分割"がとても苦手

　この100年間の発達心理学の進歩の中で、次々に明らかになった
ことは、"赤ちゃんは、長年想像されていたよりもずっと賢い"と
いうことでした。それでも、子どもは圧倒的に大人より苦手なこと
があることがわかりました。それは、"注意を分割すること"です。
幼児は、常に100％集中です。

　例えば、中学生の男の子が自室でゲームをしている時に、キッチ
ンから、「いつまでやっているの？もうご飯の準備ができたと言っ
ているでしょう！」とお母さんの声を耳にして、「うん、わかった」
と答えています。
　この時彼は、自分の注意力をゲームに90％、お母さんの声に
10％……というように分割しています。

　しばらくして、お母さんの声がさっきよりイラ立って、「ご飯が
もう冷たくなるじゃないの！ハンバーグにしてって言ったじゃな
い！」と言ってきたのを聞いて彼は、「ごめん、もう1回温め直し

てもらえない？もうスマホ切るからさ」と答えます。この時は、注意力はゲームに70％、お母さんの声に30％……と、注意の割り振りを素早く変更させているかもしれません。

　大人は、この注意の分割がとても得意です。「注意が散って困る」と思う時以外は、自分の注意力を分割していることにすら気がつきません。

　授業を聞きながらノートをとるというような、ごくあたり前のことをしている時も、耳に入ってくる先生の声と、目で確認するノートの文字との両方に注意を分割しています。

　子どもが苦手なのは、この注意力の分割なのです。最初、子どもは注意力をほとんど分割できず、注目しているものに100％の注意を配分しています。他のものに注意を移す場合には、100％をそちらに振り向けます。完全に切りかえをしなければならないのです。

　注意の分割は、4歳以降、年齢が上がるに従ってゆっくりと上達していきます。

① 絵カードで 語彙を増やす 効果的な方法

子どもの "注意" にことばをかぶせる

　私は、娘のことばを増やそうとして絵カードを作成しました。絵カードは、語彙を増やす目的で使われることがほとんどだと思います。私も同じ目的で絵カードを自作したのです。

　りんごが描かれた絵カードを子どもに見せて、「これが "りんご"。はい、言ってごらん」、こんなやり方が多いのではないでしょうか。
　また、人間が走っている絵が描かれた絵カードを見せて、「こういうことを、なんて言うんだっけ？」と質問したり、ある程度語彙がある子どもに、何枚も次々に絵カードを見せながら、単語を言って聞かせるなどです。

　しかし、何か他のことに100％の注意を向けている子どもに、大人が横から絵カードを差し出し、絵カードに注意を切りかえさせ、その単語を学習させることは、ほとんど期待できません。

　より学習が成功する可能性が高いのは、子どもの注意が向いている方向を変えるのではなく、"既に注意が向かっている対象の名前（単語）を言う"というやり方です。

　まず、"今、子どもが興味を持っているもの"の名前を言います。
　例えば、子どもがくまのぬいぐるみを手にとっていたら、「くまさん！」と口にします。次に、子どもがミニカーに手を出したら、すかさず「ブーブー！」と口にします。子どもが電車が走る音に気がつき窓に目を向けると、向こうに電車が走っているのが見えます。すかさず、「ガタンゴトン！」です。

POINT：今、子どもが何に興味を持っているかは、子どもの視線や姿勢などに目を凝らさなくてはなりません。そのためには、できるだけ子どもの正面にいたほうがよいでしょう。難しいように思われるかもしれませんが、子どもの興味の移動を実に巧みに追って、ことばをかぶせていくのがとても上手な親ごさんに私は何度もお会いしました。

② 絵カードの効果的な使い方

ビジュアルで示すとわかりやすい場合に

　全ての場合において、"絵カードは無用"というわけではありません。絵カードが威力を発揮するのは次の場合です。

1、ことばを習得する見込みがない時、音声言語の代替

　口腔内部になんらかの障害があり、構音が物理的に不可能な自閉症児にも何度か会いました。このような自閉症児には、"絵カードを差し出して自分の意思を伝える"という目的に威力を発揮します。

2、抽象的な概念や、複雑な事柄を説明する時の図解的な補助

　因果関係など、抽象的な関係の理解が難しい場合は、原因と結果を矢印で結んで説明すると、とてもわかりやすくなります。

　因果関係を示す矢印、選択肢を示す二股印だけをカードとして事前につくっておきます。説明が必要な場合に、カードに簡単なイラストやことばを入れるという方法もあります。

　また、お料理の手伝いや部屋の片づけなどの手順を追って行うことの説明にも、絵カードは絶大な効果を発揮します。

　絵カードは、語彙を増やすためではなく、本当にビジュアルで示したほうがわかりやすいことの理解のために、使い方を工夫することが大切です。

興味を抱いている時に、最もよく学ぶ

　絵カードで子どもに示されるものは、大人が教えたいと思っている単語で、子どもが今、興味を持っているものではありません。学習効果が上がるのは、"子どもが、今、最も興味を持っているもの"についてです。

　子どもにとって、大人が次々に差し出す絵カードは、横から突き出される"自分の興味とは無関係のもの"にすぎず、自分の関心・注目を中断するものにすぎないのです。

"興味を抱いている時に、最もよく学ぶ"

（2部で紹介する"発達アプローチ"の核心です）

　ハネン・センターが、出版物の中でくり返して言っていることは、「子どもの後についていけ」というセリフです。

　子どもが最も知りたいことは、本人が関心を向けているもののことなのです。

実は、このことは定型発達児についても言えることです。

　ことばの教え方によって親を二つのグループに分け、数カ月後に子どもが習得している語彙の量に差が出るのかという実験が行われました。

　一方は、"絵カードなどを使って勉強方式で教えるタイプの親"、他方は、"子どもが今興味を持っているものの名前を言っていくタイプの親"です。

　実験は、後者の親によって育てられた子どものほうが、はるかに多くのことばを身につけていることを示しました。

　自閉症児の親の教え方のスタイルと、ことばの獲得の関係を調べた複数の研究も、"子どもの興味を追うスタイル"のほうが、効果が高いことを実証しています。

4 　絵　本

絵本を
理解しながら
ことばを増やす

絵本は、文章通りに読まなくてもいい

　私は、絵本を療育に使い始める前から、「エリには、年齢相応の
レベルの本は難しすぎるだろう」と予想していました。

　最初のころに選んだ1冊に、『ぞうくんのさんぽ』（福音館書店）
があります。ぞうくんがいろいろな動物を背中に乗せて、最後にカ
メが乗ったところで、バランスを崩してみんなが水たまりに落ちて
しまいます。

　そのシーンを、エリを肩車に乗せて、前に膝をついてからゆっく
りと前に体を倒し、積み重ねた布団の上に下ろして再現しました。
アクションを伴わなければ、エリは十分には理解できないだろうと
思ったのです。

　エリは、大喜びで何度もくり返しを求めました。

● 絵本をことばの理解レベルに合わせて読む

　私は、絵本を読む時には必ず相手の子どもが理解できそうなレベルの文章に変えて読みます。エリに絵本を療育として使った6年間も、文章をそのまま読むことを一度もやりませんでした。

　児童発達支援所では、絵本にはない、登場人物が言っていそうな台詞だけを言うことも試しました。例えば、いじわるネコがネズミを追いかけているシーンでは、「まて、まてー」「たすけてー」と、両者が言っていそうな台詞を言うだけにします。面白い調子をつけて読むと、大勢の子どもたちの前で読んでも大笑いが返ってきます。

　絵本の文章は、あくまで定型発達児を対象に想定したものです。日本の読み聞かせ文化では、絵本の文章をその通りに読むことが原則になっている印象を受けます。

　しかし、ハネン・センターでは、"子どものことばの理解レベルに合わせて、簡単な文章に変えること"が強調されているのを知り、「やっぱり、そうなるものなんだな」と実感しました。

絵本は社会的場面を単純化

　絵本を使うことで、私が最も重要だと思うのは、"社会的場面を理解する練習になること"です。

　子どもを取り巻く社会的場面は、様々な要素が複雑に関係し合っています。

　例えば、目の前で見知らぬ大人が怒鳴り合っています。すぐそばに、不自然な位置に2台の車が停まっています。この社会的場面を理解するためには、"大人の口論"という"人間対人間"の出来事を、"車が不自然な位置に停まっている"ということに結びつけなければなりません。

　そして、"この二人は、2台の車のそれぞれの運転者"という関係や"車と車が接触事故を起こした"という過去の出来事を、推理しなければなりません。

　こうして、"二人の大人がそれぞれに運転していた車が、接触事故を起こしたので、車を停めて興奮して口論している"という因果関係で、社会的場面を理解します。

　ところが、ストーリー的理解の鍵となる手がかりを探し、そこに焦点を合わせ、要所と要所をつなぎ合わせて理解することは、自閉症児には難しいのです。

　ストーリー的に目の前の出来事を理解する時には、"空が晴れている""野次馬の中にあごひげを長く伸ばした人がいる"などの情報を無視しなければなりません。

　"長いあごひげ"のビジュアルに固執してしまうと、ストーリー的な把握は難しくなり、家に帰っても「長いひげのおじさんがいたよ」という情報しかピックアップできず、接触事故という社会的出来事は報告できないでしょう。

　このような複雑さに比べれば、絵本が示す社会的場面は、ストーリーに欠かせないものに単純化されています。人物の表情もわかりやすく描かれています。現実の社会的場面を理解するための練習として、このうえないツールなのです。

① 絵本を理解できるようにする効果的な方法

（1） 真正面で向き合う姿勢で読む

　私は、"理解できそうなわかりやすい文章に変えてしまう"ということで、いつの間にか絵本を適切に使っていたと思います。

　しかし、大きなものが欠けていました。

　私は、エリを膝の上に乗せて絵本を読んでいました。よくある姿勢です。ところが、大人には絵本を読みやすくても、子どもの顔を全く確認できません。子どもも大人の顔を見れません。これでは、相互交流は起こりません。

　なるべく、正面で向かい合うべきだったのです。

　子どもがその気になれば、大人の顔を見られるように真正面で向き合う姿勢にします。大人も、子どもの視線や表情を確認できます。大人は、絵本が逆方向になっても特に困らないでしょう。

　子どもが椅子に座ることができれば、この体勢をとることは容易です。椅子が無理ならば、二人で床に腰を下ろして向かい合うことができます。

● 向かい合って

　正面が難しい場合は、ソファなどに横に並び、膝と膝とをくっつけ合わせるようにして、斜めに向かい合うように座ります。

　子どもの顔半分ぐらいは見ることができます。顔をのぞき込むようにすれば、正面に近い角度をとることができます。

● 斜め向かいで

（2） 表情・ジェスチャーで感情理解を進める

　絵本を読む時には、短い文であっても、俳優がセリフを言っているぐらいに大げさな表情やジェスチャーを入れて、子どもの注意を引きつけましょう。

　いじわるネコが追いかける場面では、目をつりあげ、歯をむき出して、大きな声で「まて、まてー」と言います。ネズミが逃げる場面では、泣きそうな顔をして悲鳴のように「助けてー」と言います。

● 大げさな表情で

助けて～～

　ネズミがいじわるネコに追いかけられているというストーリーが、読み手の表情を見ることで、"なぜ、そのような表情になるのか？"→ "ネコに追いかけられて困っているから"というように、表情から他者の感情をより深く理解することができます。

　また、ドタバタ絵本を面白く読んで、子どもと一緒に笑い合う時、対人関係の基本 "体験を共有する・感情を共有する" ことが成立しています。

（3）　ストーリー理解を確認する

　ストーリー理解を目的とする時には、新たに注意したい点があります。

　まず、絵本のページを開いたらすぐに読み始めずに、少し間をおきます。そうやって、子どもが絵本の場面を理解しようとするための時間を確保します。

　また、ストーリー理解に重要な部分を指でさして、注意を求めるようにします。

● 少し間をおいて

● 指をさして

　ストーリー理解ができるころには、大人が指さしする方向に注意を移動させる、"共同注意"と呼ばれるスキルが伸びているはずです。もし、大人の指さしを追えなければ、ストーリー理解を求めるのは早すぎるので、子どもが絵本のどこを見ているのかを確認し、「チョウチョだね」などと、見ている絵の名称を言います。

② 絵本で 単語を増やす方法

（1）　覚えた単語を別の文脈で聞く

　子どもは、気に入った絵本をくり返し開きます。それは、"新しい単語""既に覚えた単語の別の使い方"などの学習に適しています。

　単語を定着させるためには、いろいろな場面でその単語に触れる機会が必要です。絵本は、その機会を提供するのにお手軽なツールなのです。

　例えば、"歩く"という動詞を習得したばかりの時、そのことばに触れる機会を増やすために、絵本の文章には書かれていなくても、「ネズミさんが歩いています」と語ることができます。

きょうは　よい　おてんきなので、
やまに　ピクニックに　きました。

ねずみさんが歩いています

（2）　自発的な発話を引き出す

　ストーリーにあまり関係ない箇所に子どもが注意を向けていても、注意を向けているその対象の名前をゆっくりと言います。

　さらに、子どもに自発的な発話を促したい場合には、ここぞという場面で、ことばを出すのを止めます。ただ絵本を指でさして、「あっ……」とだけ言ったり、息をのんで見せたりして、そのあと子どもの顔を期待してじっと見つめます。

　絵本を1冊読んで、子どもが、「転んじゃった！」「プレゼント！」などと、一言でも引き出すことができれば、とにかくそれは自発的な発話です。

　期待の目を向けられた子どもが、特に意味のない音を発したり、腰を浮かせて興奮した様子を示すだけでも、親と子が順番に情報発信（ターン・テイキング）したということになります。

（3）　絵本選び

　自閉症児に絵本を読む時には、まず、ストーリーの流れがわかることが優先です。そのため、どんな絵本を選ぶかが大切です。

　人物の心理や情緒に焦点を当てた絵本の理解は大変困難です。"バナナで滑って転んだ"レベルの、単純で楽しいストーリーが適しています。

　絵本によって、様々な表現を学ぶことができます。疑問文の理解や注意力・推理力を伸ばしたい時には、隠し絵本が非常に効果的です。覆っている部分をゆっくりと開きながら、「なに？なに？なに？」とくり返します。

　子どもが、人物のいろいろなアクションを"動詞で表現できるもの"として理解できるようになったら、より"ストーリーを理解する"という絵本独自の学習に焦点を合わせましょう。

　ストーリーの伏線を理解しなければならない絵本は、ハードル
が高くなります。絵本を選ぶ時には、例えば、「困難が生じる」→
「課題が示される」→「困難を克服して課題を達成する」というよ
うな、３〜４つの部分に分けられる程度の、つかみやすいストー
リーのものにします。

　いきなりいろいろなパターンのストーリー理解を求めるのでは
なく、現実の社会的場面の理解に応用できそうな、一つのパターン
を理解の枠組みとして、定着するまで選び続けましょう。

● 困難が生じる

● 課題が示される

● 困難を克服

● 課題を達成

入門！座って大人の長い話を聞く

　私自身は、自閉症児に絵本の文章をそのまま読むことはありません。しかし、絵本をそのまま読むことに意義がある場合もあります。

　入園、入学などによって、"大人の話を、座って一定時間聞き続けること"が必要になる場合です。

　このような場合には、座っている子どもから少し距離を空けて、紙芝居のように絵本を読み聞かせることが、一つの有効な方法になります。

　"大人の話をじっと聞くこと"が目的の時は、まず楽しいストーリーから始めます。この時には、文章通りにそのまま読みます。

　まずは、ドラマティックに大げさな読み聞かせをして、とにかく"座って聞き通す"ことを成功させます。

　成功したら、大げさなものから、園や学校の先生はこの程度だろうと思われる振幅まで、徐々にドラマ性を減らしていきます。

実は、私はエリの入学直前に小さな椅子と机、ホワイトボードなどを使って、教室学習のシミュレーションを"教室ごっこ"と称してくり返しました。教科書は、ことばの学習を中心とした、ホチキスとじのお手製のものを使いました。

　しかし、エリは鐘（ダウンロードした学校のチャイム音をパソコンで使いました）が鳴るまで何度も立ち上がり、しばらくして椅子に戻るをくり返しました。

　短く終わる絵本を読み聞かせ、まずは短時間から、"話が終わるまで座っている"ことをさせたほうがよかったと思っています。

5 ほめる

ことばは "ほめる" よりも "自然的強化子" で伸びる

"ごほうび（ほめる）" という考え方

　自閉症児の療育技法としてまず日本に紹介されたのは、ABA でした。その流れの中でも古い、ロバース・プログラム（ロバース法）が知られるようになりました。

　私たちがある行動をとるためには、メンタルの力、意欲が必要です。心理学では "動機づけ" ということばを用います。

　意欲を引き出すためには、その行動をすることによって報酬が手に入るという魅力が必要です。この報酬を、"強化子" と言います（本書では直感的にわかりやすくするために、"ごほうび" ということばを多用しています）。

　ごほうびが期待できる行動を多く行うようになっていき、自閉症児の行動が変化していくというのが、ABA の考えの一つです。

● ほめられることで、劇的な変化はあるのか？

　海外在住の日本人ABA療育家が夏休みに帰国した時に、何度かわが家に来てもらい、個別療育をしてもらったことがあります。

　療育家から、「子どもが好きな食べものを用意してください。お豆のような、小さくて少しずつ何度もあげられるものがいいです」と言われました。

　私は、お豆スナックを醤油皿に入れて渡しました。1時間の1対1の療育セッションのあと、療育家が返してくれた小皿のお豆スナックは、半分ほどになっていました。

　療育家は、すぐにオヤツをほとんど使わなくなりました。その代わりに、「やったー！ すっごーい！ 頭いい～！」と、大声とものすごい拍手の音が、家の反対側の端の部屋にも響いてくるようになりました。

　これは、"社会的強化子"と呼ばれます。ごほうびの種類が、食べ物から"ほめられる"に変わっているわけです。

　エリは、「ほめられるから、うれしい」と言っていましたが、「やったー！ すっごーい！ 頭いい～！」とほめることで、ことばを伸ばせるのでしょうか？

　私には、「やったー！すっごーい！頭いい～！」とほめることでの、エリの劇的なことばの変化は感じられませんでした。

"ほめる"は、
ことばのキャッチーボールを中断する

　会話の流れには、「ここで終り」という明確な終了箇所はありません。参加者が望めば、応答を続けることが可能です。

　しかし、「やったー！すっごーい！頭いい〜！」とほめることは、子どもの応答を期待しているわけではないので、そこでことばのやりとりの流れを打ち切ってしまいます。

　エリのことばの伸びを実感できるようになったのは、後年、"親のトーク量を減らして、子どもに発言の機会を譲る"ことを実行するようになってからでした。

　発達アプローチでは、強化子についてこのように考えています。「子どもに課題をさせるには、ごほうびが必要。ただしそれは、極力、"自然的強化子"でなければならない」と。

　例えば、「ジュース」と言ったら、お母さんがジュースを注いだコップを渡してくれたというのはどうでしょうか。ことばで要求してジュースが手に入ることは、とても自然な流れです。

　このように、自然な行動の流れの結果としてやってくるごほうびが、"自然的強化子"です。ジュースの入手は、十分すぎるほどの強化子になります。

　ここで、「ジュースって言えたね！やったー！ すっごーい！ 頭いい〜！」などと言って、拍手をする必要はありません。

「リンゴのジュースだよ！」「ジュースおいしいね！」などの大人がつけ加えたことばに、子どもがあいづちなどで応答するほうが、はるかに自然なことばの学習になります。

ことばの学習は、発したことばに対応する出来事（ジュースがもらえる）が引き続いて起こることで理解が進み定着します。大人のほめことばで定着するわけではありません。

● ほめる   ● ことばを返す

ことばを返す時、大人が面白いジェスチャーや、大げさな表情や微笑みと一緒にことばを返すことも、楽しい"自然的強化子"になります。

毎回、同じほめことばを聞かされるより、りんご、オレンジ、ぶどうなど、その都度の名詞を聞くほうがことばが定着します。

結果がごほうびになるよう、課題をデザインする

　口まわりの筋肉をコントロールする力が少し弱い子どもに、構音力強化の練習をするとします。息を前に思い切り吐き出す練習に、風車を回してもらいます。親ごさんがお手本を見せると、子どもは自分もやりたくなって手を伸ばしてきているかもしれません。

　できても、「やったー！すっごーい！頭いい～！」という叫びや、嵐のような拍手は必要ありません。子どもが「楽しい！」と思える結果が、吹くことへの十分なごほうびになっているからです。
　これは、構音力強化が目的ですが、"楽しい結果"がごほうびになるように課題がデザインされています。

　このように "自然的強化子" は、自然な流れを進めると好ましい結果が得られたり、言われた通りにやってみたら「楽しい！」という経験が起こるというものです。課題の結果がごほうびになるように、事前に流れを組み立てているのです。

● 課題：吸う力をつける
　結果：ジュースが飲める

● 課題：手をふるジェスチャーを身につける
　結果：大好きな電車が見られる

POINT：ABA 的なほめ方が力を発揮するのは、着替え、入浴、手洗いなどの、生活自立スキルを身につけるところです。ほめることで、成功したことがわかります。「ここまでで終わり」という終着点をはっきりさせたい行動に対しても、有効な強化子になります。ことばのやりとりでは、"成功" や "終わり" のような特徴がないため、ほめることは自然な流れを止めてしまいがちです。

② "自然的強化子"で 共同注意スキルを伸ばす

（1） 自閉症児には「見て、見て！」がない

エリが6歳の時です。自分が描いた絵を黙って持って来ました。驚きました。親に何かを見せに来るのは、それが生まれてはじめてだったのです。

定型発達児は、積み木が高く積めただけで親に見てもらいたがります。"他人と情報を共有したい"という意欲が強いのです。

対して自閉症児は、情報共有の意欲をほとんど欠いています。私の児童発達支援所勤務歴の中で、自閉症児が何かを見てもらおうと持って来ることは、ほとんど目撃したことがありません。

　"情報共有したいものを親に見せに来て、親に見てもらう" という行動を、"情報行動" と言います。自閉症児には、この行動は自然には出てきません。

　"情報行動" は、"自分が親のところに持って行くものに、親もまた注意を向ける" という "共同注意" の理解が前提となります。

　"自分が注意を向けたものに、第三者もまた注意を向けることが可能" という "共同注意" の理解を身につけることは大切です。

　さらに、"相手のところにものを持って行って見てもらおうとする行動" は、指さしすることによって、"相手に特定のものに注意を向けてもらおうとする行動" へと続いていきます。そして、ことばのやりとりへと展開していきます。

● 情報行動　　　　　　● 指さし

かけたー

● ことばのやりとり

（2） 大人が「見て、見て！」を示す

　大人が、子どもが興味を示しそうなものを手に持って、子どもの視線のスポットに入るように前に立ちます。

　次に、ゆっくりと、しかし楽しそうに、見せるものの名前を言います（注意の切りかえが少しずつできるようになってきていることが前提です）。

　子どもがあなたが手に持っているものに視線を移したら、すぐに楽しそうにもう一度その名前を言い、楽しい音を添えます。

　ここでも、「よく見れたね！」などのほめことばは言いません。興味があるものが目の前に見られるのですから、それで十分なごほうびになります。機会があるごとに、日々くり返します。

　こうして、子どもが、「見て！」に確実に反応できるようになったら、いよいよ本番です。

　子どもがお気に入りの玩具や帽子・カバンなどを持っている時に、子どもの目の前に行き、ものの名詞を添えて「見せて」と言います。

　子どもが見せたら、「お帽子！カッコイイ、お帽子！」と大げさに言います。楽しい雰囲気で盛りあげることが、ごほうびになります。相手と情報を共有することの楽しさを実感できます。

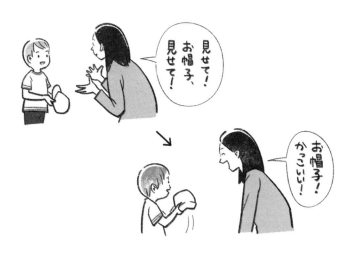

　子どもがそのものを手渡さなくても、大人がそれに触れていることを許容したり、それを大人の視線に近づけたり、あるいは見やすくしたりなどでもかまいません。

　ここで、「よく見せられたね！」などと子どもの行動をほめてしまうと、"大人・子ども・帽子（共同注意の対象）"以外の、その場にない要因を引き込むことになってしまいます。

6 今日は何があったの？

"体験談を話す"を目指すサポート方法

2年間、娘から「せいさく」の一語しか返ってこなかった

　エリが保育園のバスから降りて来るのを迎えに行くのは、毎日私の分担でした。

　私は、「今日は何があったの？」とエリにたずねます。

　エリは、私のほうに顔を向けません。黙って歩いています。私は、ずっと手をつないで歩きながらエリの報告を待ちました。

　自宅のマンションの近くまで待って、私はとうとう待ちきれなくなり、もう一度、「今日は何があったの？」とたずねます。しばらく時間をおいてエリがぽつりと答えます。

　「せいさく」

　約2年間、私が園生活についてエリから聞いたことは、この一語だけでした。

●「今日は何があったの？」は、多くの仕事を課す

　定型発達児だったら、「今日は何があったの？」で、十分な土産話を引き出すことができたと思います。

　しかし、今、振り返ると、エリから何も引き出せなかったのは当然でした。

　「今日は何があったの？」という質問で、自閉症児は二つの仕事をしなければならなくなってしまいます。

　第一の仕事は、今日あったたくさんの出来事の中から、"一つを選び出す"という仕事です。第二の仕事は、選んだ出来事をストーリーになるように、"編集する"という仕事です。

　どちらも自閉症児には難しい仕事です。それを両方一度にやれというのは、難易度を倍にしてしまいます。

　園時代にエリから「せいさく」の一語しか引き出せなかった私は、この問題をなんとかしなくてはならないと思っていました。将来、社交や友だちづくりに大きなマイナスになると思ったのです。

"私物語" が社交や友だちをつくるカギに

　私たちの日常会話で大きな割合を占めるのは、会話参加者の私的な体験談です。旅行に行った時の思い出や、最近の家庭や職場での出来事もよくトピックになります。若い恋人たちは、自分のライフヒストリーを詳しく話すことでしょう。

　これらの体験談は、「私」が主人公となってストーリー化されています。そしてそのストーリーは、「私」の価値観や興味、他人が聞いて面白く思うかなどの配慮によって、大幅に編集を加えられた"私物語"です。

　このような"私物語"を話すことができなければ、二人きりのおしゃべりから、数人での談話まで、日常生活の会話の大半で話すことがなくなってしまいます。

　会話の場に同席することはできても、「面白い話ができない人（つまらない人）だな」と思われてしまうでしょう。そのうち、集まりの予定があってもお声がかからなくなります。

　"私物語"ができない人は、友だちをつくることも難しくなるでしょう。

　人は、"一緒にいると話が弾むこと"や"お互いの話に共感し合えること"で、一歩踏み込んだ友人関係へと進んでいきます。親密になるためには、"私物語"を交換し合うことが必要なのです。

　"私物語"を話すためには、物語の内容の編集作業が必要です。そして、自閉症児はこの作業がとても苦手らしいのです。

　例えば、二人の人がコンサートを見に行っても、感想はかなり違います。二人とも、ことばにできる膨大なことを体験し、その中から重要なこと、相手が興味を持ちそうなことを選び出し話します。さらにそれに、直接体験したことではない情報をつけ加えます。

　「こういうジャンルの音楽って、今まであまり聞いたことがなくってね」「このバンドのアルバムが注目されてるって、ネットの記事で見たことがあるよ」などなど。

　そして、これらのことを合わせて、「私」を主人公とするコンサート体験物語に編集します。

　ちょっとした雑談一つとっても、私たちはこれだけの複雑な作業をしているのです。

　さらに、自閉症児のトークから抜け落ちがちなのは、「すっごく感動したよ！」などの"私物語"ならではの生き生きとした発言です。それがないために、相手に味気ない印象を与えがちです。

① トピックを指定して 体験のことばを引き出す

（1） 仕事を減らしてあげる

　今思えば、エリに最初からフリートークを求めるのは無理でした。しかし、次のような質問をすれば、私はエリからそれなりの報告を引き出せていたでしょう。

　「今日の給食は、なんだったの？」。

　この質問なら、まず答えが返ってきます。今日あったたくさんのことの中から、"一つを選び出す仕事"が必要なくなります。子どもは、給食のメニューの名前をあげていけばいいだけです。つまり、親がトピックを指定してしまうのです。

今日の給食何だったの？

ハンバーグ、りんご、それから…

（2）　"伝えたら楽しい" が大事

　気をつけなければならない点は、答えが返ってくるまで時間がかかっても、待ってあげることです。待っている間は、微笑みながらじっと見つめましょう。

　答えが返ってきたら、「へぇ～、〇〇だったんだ！」と楽しそうに応答して、"自分の体験を報告することは楽しいことだ" という実感が持てるようにします。

　ここで、子どもがそれ以上のことばが浮かばなくなると、子どもの表情に疲れが浮かんできます。その時は、「お話聞けてよかった！ありがとう！」と切りあげます。

（3）　順序、複数のトピックを用意

　この方法を使っていくと、報告の内容が固定化してしまい、いつも同じトピックしか話さなくなる場合があります。

　まず、一つのトピックの報告に慣れたら、同じトピックを同じ順序で聞いていくのではなく、たずねるトピックを複数用意して、質問を毎日入れかえることによって固定化を防ぎます。

　実技科目や昼休みの行動は、とりあげやすいトピックです。たずねるトピックの順序も固定しないようにします。

　例えば、小学生であれば、給食のメニューを聞いた次には、「今日の体育の時間では、何をやったの？」、「今日の帰りの会では、先生は何か言っていた？」、「今日のお掃除では、なんの係をやったの？」「音楽は何をやったの？」、「昼休みは何してたの？」など、いろいろと考えることができます。

　「誰か面白いことした？」など、子どもが楽しんで話せそうなトピックでもよいでしょう。

　複数のトピックについて聞いていくと、結局、「今日は何があったのか？」をほとんど子どもが報告することになります。

　中には、「給食のメニューと図画の課題の話をしてくれるだけでも、何も話してくれないよりはマシ」と思う方もいるかと思います。

　しかし、複数のトピックを質問することで、"他人が関心を持つトピックは何か"という社会的理解が伸び、将来的に自発的に体験談を組み立てることを目指すことができます。

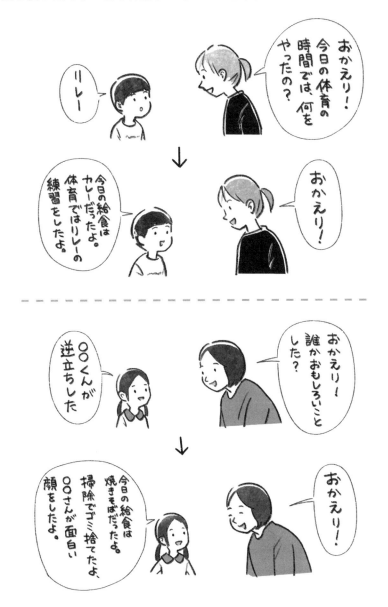

② 視点を設定して "私物語" を伸ばす

（1） 視点を切りかえるのが苦手

　エリが小学４年生ぐらいのころだったと思いますが、私はまだ毎日、「今日は何があったの？」の質問をくり返していました。

　あまり答えが返ってこないので、一つの出来事を話すたびに１円玉を渡すという、ごほうびを出すことにしました。

　その結果で得られた土産話は、「Ａ君が、ピーヒャララと言っていたよ」「Ｂ君がブーッて言っていたよ」「Ｃ君がシャラララ〜と言っていたよ」「Ｄ君がチュルルルーって」……小学生のおふざけの中でありそうな発声ばかりなので、本当のことなのでしょう。

　しかし、"面白い音の発声" という一つの視点だけで選ばれた出来事を並べているだけで、ストーリー性からはほど遠いものでした。

　定型発達児は、ある視点から別の視点へと飛び回っては、出来事の様々な側面をことばにすることができます。

● 様々な視点

給食はうどんだったから、みんなお代わりするのに並んだんだよ。待たされちゃったよ。僕はカレーほど好きじゃないから、ゆっくり列に行ったからね。それでも家のうどんと比べると…

　しかし、自閉症児はいったん特定の視点をとってしまうと、別の視点に切りかえることがとても難しくなります。一つの視点をとると、そこに固執してしまいます。

　出来事の報告は似たようなことの列挙で終わってしまい、私物語を構成するには至りません。

● 一つの視点

給食のうどんはどうだったの？

Aくんが並んでた。Bくんが並んでた。Cくんが…

物事の視点を示す

　私はそのころ、ネットで無料の地域イベントの予定を調べ、休日
ごとにエリを連れて行っていました。成果があったのかどうかはわ
かりませんが、社会的な興味を広げさせたかったのです。

　そして、エリが小学４年生になったころから、例えば無料ライブ
を見て帰ったあとで、紙に次のような項目を書いて、そこに一言書
き込ませるようにしました。

　１．歌った人は何歳ぐらいだったか

　２．どんな服を着ていたか

　３．楽しい歌だったか、悲しい歌だったか、激しい歌だったか

　４．お客さんはどれぐらいいたか

　つまり、"出来事を見る視点"を設定して、答えさせるようにし
たのです。

　トピックを選ぶだけではなく、それは、どのような視点から描写
することができるのかも、最初のうちは親が提示してあげなければ
ならなかったのです。何回くり返したことでしょうか。

　エリは、これらの項目の中の一部は、自発的に報告できるように
なりました。

　ある程度、複数の視点からの報告が可能になったら、最初は
「〇〇どうだった？」と自由に答えられる質問をします。

　出てこない重要なポイントについては、あとから「何歳ぐらいの
人だったの？」などと質問します。

　しかし、最初のうちはことばの大海を泳いでいくために、事前に
あちこちに浮輪を浮かべておいたり、方向指示器を設置しておく必
要があるのです。

知育っぽくならないように
コミュニケーションを伸ばす！

　受験体験がある私たちは、療育が知育っぽいと効果があるだろうと期待しがちです。きれいな絵カード、パソコンの知育ゲームなど、仰々しい道具立てがあるほど素晴らしい方法だろうと思い込みがちです。私も、手づくり絵カードは必ず多色刷りにしていました。

　いつの間にか、「知育っぽくしよう」としていないかどうか、自己チェックが必要です。

　もちろん、知育は知育で大切です。しかし、コミュニケーションの学習は知育とは違うのです。

　例えば、「この色は何色？」「これはなんていう形？」など、次々に質問していくことがあります。しかし、これでは子どもが単語一つをポツンと言えばそれで終わりです。コミュニケーションの練習にはなりません。

　例えば、よく知育課題でとりあげられる色彩名称は、「青い服と緑の服とどっちを着る？」など似ているものを区別する時以外は、日常生活で使う機会は案外多くありません。

　優先するべきは、「ごはん」「靴下」など、使用頻度が高く、かつそのことばをめぐっていろいろなやりとりが続くことが多い、日常的なことばです。

　活きたことばの力を伸ばしていくために、フェイス・トゥ・フェイスや会話など、人と人が直接触れ合う素朴な体験を数多く積み重ねていきましょう。

2 部

"発達アプローチ"

ことばの 6 ステージ

基本理解と逆転の支援

自閉症児のことばの "発達アプローチ"

● 6つのステージ

　現状の発達アプローチには、主要な3つの流派があります。

　ことばの発達を軸にしてステージを区切る「ハネン・センター」
（4段階）、早期介入を行う「デンバーモデル」（4段階）、社会コ
ミュニケーションを総合的にアプローチする「SCERTS（サーツ）」
（3段階）です。それぞれ、発達段階の設定の仕方は異なります。

　本書では、"ことばの発達ステージ" として、「ハネン・セン
ター」「デンバーモデル」「SCERTS（サーツ）」の3つの流派の段
階設定を総合し、発達段階のステージを独自に設定しました。

　ステージは、定型発達児の言語発達をモデルにして、自閉症児の
ことばが伸びるプロセスを全て入れ込み、自閉症児のことばのスキ
ル獲得段階を、非言語段階・クレーン段階・単語段階・二語文段
階・文法段階・会話段階の6つのステージに分けました。

　このようなレベル分けは、発達アプローチ独自の発想です。

　子どもが今どのステージにいて、どのステージの適切な支援を行
えばよいのか、何に力を入れればよいのかがわかり、療育の見晴ら
しがよくなります。時間の浪費に終わりがちな、時期早尚な課題を
除外することもできます。

第1ステージ・非言語段階

第2ステージ・クレーン段階

第3ステージ・単語段階

第4ステージ・二語文段階

第5ステージ・文法段階

第6ステージ・会話段階

自閉症児のことばの "発達アプローチ"

無言語から会話上手までの 6 ステージ

第 1 ステージ	非言語段階

　ハネン・センターのみが、「無言語で、そもそも意思伝達をしようとする行動が見られない」を、一つの段階として位置づけています。療育開始時、他人の存在が眼中に入らず関わりを持とうとしない自閉症児もよく見られるので、これを、第1ステージとしました。

第 2 ステージ	クレーン段階

　デンバーモデルは、第1段階を「無言語だが、クレーン行動など体を使った伝達行為が見られる」としています。ハネン・センターでは、第2段階にあたります。これを、第2ステージとしました。

第 3 ステージ	単語段階

　単語で要求を伝えられる段階です。ハネン・センターの第3段階、デンバーモデルの第2段階にあたります。これを、第3ステージとしました。

第 4 ステージ	二語文段階

　ことばを並べることができる段階です。ハネン・センターの第 4 段階、デンバーモデルの第 3 段階にあたります。これを、第 4 ステージとしました。

第 5 ステージ	文法段階

　デンバーモデルの第 4 段階にあたりますが、デンバーモデルは会話運用スキルを含めています。いささか幅が広すぎるように思われますので、「様々な文法表現を身につけ、三語以上の文を組み立てられるようになる段階」を、第 5 ステージとしました。

第 6 ステージ	会話段階

　SCERTS は、最後の段階を、会話のルールを習熟する段階としています（定型発達児 4 〜 5 歳の言語力に相当します）。これを、第 6 ステージとしました。

　自閉症以外の原因によることばの遅れも、6 つのステージのどこかに位置づけることができるでしょう。それぞれのステージでどのような言語力が期待されるのかを、一つずつ説明していきます。

● 発達アプローチに基づいたことばの療育 "逆転の支援"

　発達アプローチは、活動そのものの楽しさがごほうびとなって、子どもの意欲的参加を促すことを重視しますので、とにかく楽しく学べる支援方法がたくさんあります。

　また、発達アプローチは、訓練室や教室のような特別な場所ではなく、自然な場面でのことばの学習を重視します。そのため、家庭療育に最適です。実施者が、特別な訓練を必要としないことも魅力の一つです。すぐに使える支援方法ばかりです。

　2部では、6つのステージを、1章、第1・第2ステージ、2章、第3・第4ステージ、3章、第5・第6ステージと分けました。

　各ステージの前半では、ステージの基本と特徴を、後半では、子どもが今いるステージの次のステージに進むための、発達アプローチに基づく療育方法、"逆転の支援"をお伝えします。

　「その手があったか！」と思ってもらえるような、他ではあまり見られない独特な療育方法を集めました。

1章

ことばのない段階

第1ステージ・非言語段階
第2ステージ・クレーン段階

第 **1** ステージ
の基本と特徴の理解

非言語 段階

1 何かを伝えようとする行動がない

2 非言語的コミュニケーションが乏しい

3 奇妙な一人遊びにふける

4 奇妙な身体運動をする

＼　第１ステージの基本　／

● 意思伝達の行動がない

　第１ステージの子どもの最も基本的な特徴は、"他人に意思伝達をする"ということの可能性を、理解できていないことです。

　例えば、目の前にＡさんという人がいます。少し離れてＢさんという人がいます。Ａさんの心の中の思考、「りんごが食べたい」を、Ｂさんの頭の中に移すことができるでしょうか？

　ちょっと見ただけでは、これは不可能なことのように思われます。なぜなら、ＡさんとＢさんの頭は、離れたところに独立して存在しているからです。

　Ａさんの頭とＢさんの頭は、パソコンのようにケーブルでつながっているわけでもありません。無線を受診するアンテナもついていません。なんのつながりもない頭から頭に、何を伝達できるというのでしょうか？

　第１ステージの自閉症児にとっては、つながっていない人間と人間の間で、何かが伝わるなどありえないことなのです。

　ことばが出なくても、"大人を引っ張る""声を出して注意を振り向ける""指さしする"など、伝達方法はたくさんあるのですが、それらの行動もほとんど見られません。大人からの指示も理解できません。

1 何かを伝えようとする行動がない

● 大人に頼むことをしない

第1ステージの自閉症児は、大人に自分の意図を伝えれば、代わりにやってくれるとは全く思っていません。なんでも自分の力だけで手に入れようとします。

興味を持ったもの、欲しいものが目に入ると、危険を顧みずに椅子や机の上に登ろうとしたり、他人が持っているものを手に入れようと突進したりします。大人がオヤツをくれようとしないと、指を無理やり開いて取ろうとしたりもします。

しかし、攻撃的なわけではありません。「ちょうだい」「欲しい」などの、"大人に伝える"という選択肢が全くないので、自力で入手しようとしているだけなのです。

「たかいたかい」をしてもらって楽しそうな顔をしていても、床に下ろされると「もう一度」のジェスチャーなどをしないまま走り去ってしまいます。

\ 特徴の理解 /

2 非言語的コミュニケーションが乏しい

● 交流する時に視線・ジェスチャーなどを使わない

　第１ステージの特徴は、"発語がない"にとどまらず、ジェスチャーやクレーン行動（第２ステージで解説）による意思伝達がほとんどないということです。

　定型発達の幼児と交流すると、実に多彩な非言語的コミュニケーションを用います。例えば、視線を動かす・顔の向きを大人のほうに向ける・うなずく・指さしする・手を伸ばすなどです。

　ところが、自閉症児と交流しても彼らは非言語的コミュニケーションをほとんど使いません。人と自閉症児の間の空間に、何も動きがないのです。

　定型発達児は、まず指さしなどの非言語的コミュニケーションが現れ、その後、ことばが出てきます。第１ステージの自閉症児は、まだ非言語的コミュニケーションという、ことばの基盤が未形成なままなのです。

3　奇妙な一人遊びにふける

● ほとんど「遊び」には見えない "感覚運動遊び"

　第1ステージの自閉症児は、親との間の交流も、たとえあったと
してもごく短い時間しか続きません。そのため、親との遊びはなか
なか発展しません。

　また、玩具にはほとんど関心を示しません。社会的に遊びとみな
される定型的な遊びは、ほとんど見られません。では、自閉症児は
何をやっているのでしょうか？

　例えば、自閉症児はあたりをずっと駆け回っているようにしか見
えなかったりします。

　また、似たような行動を何度もくり返したりします。ものを見つ
けては、指で素早く何度か叩いたり、何か長いものを見つけると、
それを手にしてぐるりぐるりと回していたりなどです。

　これらの遊びは、周囲から見ると "遊んでいる" とは見えないで
しょう。それでもなお、このような自閉症児の行動を "遊び" と位
置づけられるのは、"感覚運動遊び" をしていると考えられるから
です。

　"感覚運動遊び"とは、楽しい感覚を体験する行動です。

　例えば、何をつくるというわけでもなく、砂をいじっている子ど
もがいるとします。その子の指には、砂のさらさらした感触がある
ことでしょう。その感覚が嬉しいのです。多くの水遊びも、このタ
イプの遊びに入ります。

　回転するものをじっと見ているのは、視覚的感覚を楽しんでいる
のです。また、ミニカーを走らせようとはせず、一列に並べている
自閉症児は、整然とした視覚刺激に魅力を感じているのでしょう。

　● 感覚刺激　　　　　　　　　　● 視覚刺激

　このような行動を、私はこう考えておくとよいと思っています。

　"自閉症児は、自閉的遊びに一人で長時間ふけって、楽しい感覚
を体験している"と。

4 奇妙な身体運動をする

● 奇異な印象を与えてしまう"自己刺激運動"

　第1ステージの自閉症児には、つま先立ち歩きがよく見られます。大人が貧乏ゆすりをするのと同じ原理で、"自己刺激運動"と言われ、刺激不足の時に自分に刺激を与えるのです。

　手をかぎ型に曲げてみたり、なんでもしゃぶってみたり。わが子は、手をヒラヒラさせていました。いろいろな形があります。走り回るのも、走る感覚という刺激を生じさせているのでしょう。

　口腔内の運動で"自己刺激運動"をとる場合もよくあります。私は、かなり奇妙に聞こえる音を、自閉症児が一人でくり返し出しているのを何度も見ました。そのような音を出すことによる、口腔内の感覚が心地よいのでしょう。
　発声をコミュニケーションのツールとして使うのではなく、口内の快感覚を得るために使っているので、日本語の音になかなか近づいていきません。

　定型発達児の場合は、様々な遊びの中で、たまに"自己刺激運動"をするにすぎません。これに対して自閉症児の場合は、"自己刺激運動"が多いため、奇異な印象を与えてしまいます。

第１ステージの自閉症児は、ものの世界に住んでいる

定型発達児は、対人関係に大きな楽しさを感じます。赤ちゃんは、「いないいないばあ」をしたり、手遊び歌をするだけで大喜びです。１歳になると、大人のやっていることに興味津々、玩具を使っては大人の行動の真似をします。２歳になると、わざと危ないことをやるふりをしては、大人の反応を観察するのを楽しみます。つまり、定型発達児の楽しみは、対人関係の比重が非常に大きいのです。

第１ステージの自閉症児は、人間関係よりも、ものの世界に夢中になっていると言えます。

このステージの自閉症児は、ことばを聞いてもほとんど理解することができません。人間の発する音声は何かを意味しているということ自体に、理解が達していないと思われます。

大人が語りかけても、何も関心を示さず、素通りしてしまいます。「○○君！」と自分の名前を呼ばれても、なんのリアクションもしません。

ハネン・センターは、"自閉症の診断を最初に受ける時、多くの子どもたちはこの段階に位置する"としています。

現代は、軽症でも自閉症の診断を受ける場合が多くありますので、必ずしもそうとは言い難いと思いますが、少なくとも、無言語の自閉症児と出会う時には、この第１ステージの場合が多いです。

逆転の
支援 ①

ジェスチャー法

"非言語的コミュニケーション"
(ジェスチャー) を引き出す

● 非言語的コミュニケーションを学ぶ意味

　1部でも書きましたが、私はこれまでに、日常生活ではことばを
発することも指示を聞くこともできないのに、絵カードを見るとた
くさんの絵の単語を言える自閉症児に何度か出会いました。

　子どもも親ごさんも大変な努力をされたのだろうと思います。し
かしその結果は、ことばが絵カードと結びついただけで、日常生活
では全く使えないものでした。

　この子どもたちが、習得し損ねたことはなんでしょうか?

　それは、ことばは、"現実の対象に結びつくもの""他者に向かっ
て発せられるもの"という理解です。

　ことばは、"他人に伝達すること"も、学習の必要があるスキル
だと言えます。

定型発達児は、ことばで伝達を行えるようになる前、０歳児で非言語的コミュニケーションを使って、"他人に伝達すること"を学びます。自閉症児もこの学習順序は同じです。

　非言語的コミュニケーションとは、交流場面での視線・表情・体の向き・声の抑揚などです。交流場面で起きている文字化できる発言以外のことは、全て非言語的コミュニケーションと言えます。

　まずは、非言語的コミュニケーションによって"他人に伝達すること"を習得しないと、"使えることば"は身につきません。
　例えば、子どもが好きなおいものほうに手を伸ばして、"手を伸ばす"というジェスチャーによって、周囲の大人に「おいもが食べたいんだよ」ということを伝達します。その後、「おいも」とことばにして言うことに代わります。

　自閉症児の場合は、ジェスチャーで意思伝達することをしっかり学習できなかったために、ことばが出るようになっても、ことばと非言語的コミュニケーションがうまくシンクロしないことが多いのです。そのため、例えば、「バイバイ」と手を振りながら顔はそっぽを向いている光景などをよく見かけます。

　ことばと体の動きが自然にシンクロする、日常で伝わることばが身につくように、第１ステージの非言語段階の自閉症児から、逆転の支援「ジェスチャー法」で、"非言語的コミュニケーションを引き出す方法"を紹介します。

1 リーチング

\ リーチング /

「ちょうだい」を引き出す

　赤ちゃんが欲しいものの方向に手を伸ばすことを、"リーチング"と言います。生後半年ほどで現れます。やがてリーチングは、欲しいものが手の届かないところにある場合に、「あれが欲しいから取ってちょうだい」と周囲に伝達しようとする、非言語的コミュニケーションとなっていきます。

　しかし、第1ステージの自閉症児は、他人に自分の要求を伝達する行為が確立されていません。届かないものにも、自力で手を伸ばして取ろうとします。

逆転の支援！ 欲しいものを届かないところにかざす

1、机などを間にはさみ、子どもの手が届かないところにオヤツや玩具（子どもが欲しがるもの）をかざして見せます。

←クッキー

2、子どもが取ろうとして手を伸ばそうとしたら、即座に、「オヤツ！」と言いながら、大げさな動きで渡します。こうして、一口ごとにジェスチャーを引き出します。そのうちに、欲しがるものをすぐに渡さず、かざすだけにしておくと指さしが出てきます。

○ はっきりと手を伸ばす行動が出ない場合には、こどもの手を軽く引っ張り上げて、リーチングのポーズを誘導します。

支援ポイント● 1日に何度でも機会がくる

ものをかざす時に、子どもから見て、ものの後ろに親ごさんの顔がくるようにしてください。アイコンタクトの練習にもなります。

"ジェスチャーだけで意図は伝わる"ことの理解は、すぐに成立するわけではありません。菓子パンなどを一切れごとにかざして、手を伸ばすのを待って渡すなど、自然な形で何度も練習しましょう。

\ 意思伝達 /

2 「もう1回」を引き出す

　最も早く身につく非言語的コミュニケーションの一つは、関わり遊びの中での「もう1回」のジェスチャーです。

逆転の支援！　**楽しい関わり遊びは、1回ごとに休む**

1、子どもは、「たかいたかい」などの持ち上げられる系の関わり遊びが好きです。しかし、子どもが喜ぶからといって続けてくり返さずに、1回やったらすぐに床に下ろしてしまいます。これが、重要なコツです。そして、微笑んでじっと子どもを見つめます。すぐに子どもが去ってしまっても、何度かくり返しているうちに近くに立ったままじっとしているようになります。

2、 わずかであっても体の動きが見られたら、それを「もう一度やって欲しい」という非言語的コミュニケーションとみなして、もう１回「たかいたかい」をします。この時にも、１回程度で子どもを床に下ろして見つめ、意思伝達を引き出します。

出た！意思伝達！

〇 くり返しているうちに、やがて子どもから"両手を上げる"などのジェスチャーで、要求を伝達してくるようになります。

支援ポイント ● 様々な交流につながることも

　子どもは、非言語的コミュニケーションが「有効だ」とわかると、はっきりした非言語的コミュニケーションを、頻繁に出すようになります。

　私が、大人に意思伝達を一切しようとしなかった自閉症児にこの方法を１カ月ほど続けた時には、「もう１回」のジェスチャーのみならず、体や手を使った様々な交流ができるようになりました。１日でこのジェスチャーが出るようになったこともあります。

\ 拒絶表現 /

③ 「イヤ」を引き出す

　自閉症児と相互関係を持つための容易なスタイルに、"お渡し係"があります。"お渡し係"は、食べる・遊ぶなどの孤独になりがちな活動を交流的な活動にします。

　例えば、積み木に夢中なら、"お渡し係（大人）"が積み木を管理して、積み木を一つずつ手渡します。チップスが好きなら、１枚ずつチップスを手渡します。

　"お渡し係"の中で使えるアプローチは非常に多いです。そのうちの一つが、「イヤ」を引き出すことです。

逆転の支援！ 　好きなものを渡す間に、嫌いなものを渡す

　１、例えば、子どもが好きな蒸しパンを、一口サイズにちぎりながら渡します。

2、途中で、子どもが嫌いなものや関係ないもの（蒸しパンなら
スルメなど、積み木ならクレヨンなど）を渡します。子どもがはっ
きりと押し返して「イヤ」のジェスチャーができるようになったら、
すぐに蒸しパンを渡します。それがごほうびとなって、拒絶の意思
伝達が早く身につきます。

○ この時、首を横に振って、「イヤ」のモデルを示します。首の動
きを使って肯定・否定の意思伝達ができるようになるのは、第２ス
テージになってからです。単にモデルを見せるだけでかまいません。

支援ポイント ● 「イヤ」のジェスチャーは早く教えよう

　拒絶表現を覚えたら、なんでも「イヤ」を連発するのではないか
と思うかもしれません。しかし、嫌なことがあるたびに、床に身を
投げ出し泣き叫んだり、頭を壁に何度もぶつけたり、嫌いなものを
投げたり、親の指に噛みついたりというパターンができてしまうこ
ともよくあります。社会的に認められる「押し返す」を早く身につ
けておけば、そのような危険を回避することができます。

第 2 ステージ
の基本と特徴の理解

クレーン 段階

1　自分の意図を伝えようとする

2　まだことばで伝えるのは難しい

3　ことばが出なくても理解はできる

4　日本語の音が出せる

5　人との交流が増える

お一

\ 第2ステージの基本 /

● 他者に非言語的伝達がある

　定型発達児は、ことばが出る前にまずジェスチャーや音声などの非言語的コミュニケーションによって意思を伝達します（0歳後半）。この段階に相当するのが、第2ステージです。

　自分の頭の中にある考えは、他人の五官（人間の顔にある五つの感覚器官、目・耳・鼻・口・舌）では捉えられないものです。

　しかし、人は他人に五官で捉えられる代理物を使って、自分の頭の中にあるものを伝えることができます。

　第2ステージの自閉症児が、要求を伝えるために使う代理物として、クレーン行動（次ページで解説）などのジェスチャー、音声・絵などがあります。

　クレーン行動をする時に、気づかせようと声を使うこともあります。発声を自己刺激の快感のために使うのではなく、他者に影響を与えるために使うことは、非常に重大な進歩です。

　第2ステージでは、視線の向き・手を伸ばす・クレーン行動などを使ったコミュニケーション行動が生活の広範に見られ、これらによる交流があたり前になります。

　ただし、単語を明瞭に発声することはまだできません。まだ、無言語の状態が続きます。

● クレーン行動とは

　男の子が、私の近くに駆けよって来ます。私の手を小さな両手で
つかむと、それを上に放り投げるようにしました。

　男の子は、療育室の棚の上のほうを食い入るように見ています。
そこには、重ねられた折り紙の端がちょっとはみ出していました。
男の子は、カラフルな色を見て興味を感じたのでしょう。

　私は、男の子のほうに向きを変えて、小さな声で「取って」とさ
さやきました。

　しかし、モデルを示しても時期尚早だったようです。男の子は、
私の顔のほうは見ないで折り紙を見上げながら、もう一度私の腕を
その方向へと上げようとしました。

　これが、"クレーン行動"と呼ばれるものです。

　ことばを使わず、他人の体をあたかも「クレーンになって、あれ
を取って」と言うように動かしてくる行動です。

　他に、自分では開けられない冷蔵庫の前まで大人を引っ張って行
き、大人の腕を冷蔵庫の扉のほうに押しやったり、興味はあるけれ
ど使い方がわからないパソコンのマウスの上に、大人の手を持ち上
げて乗せるなど、いろいろな形があります。

＼ 特徴の理解 ／

1 自分の意図を伝えようとする

● ことばの理解力が進歩し、まわりはぐっと楽になる

多くの場合、クレーン行動は病理的な行動として扱われてきました。しかし、これは大きな間違いです。

他人の存在など目に入らないかのように無理に背伸びをして一人で欲しいものを取ろうとするだけだった、第 1 ステージの非言語段階と比べてみてください。

第 2 ステージの自閉症児は、大人に「あれを取って」ということを、伝えようとしているのです。

クレーン段階と非言語段階とが区別される最大の特徴は、"他人に自分の意図を伝達することが可能"という理解が成立し、非言語的コミュニケーションが豊かになることです。

2 　　まだことばで伝えるのは難しい

● 音声が実物の代理物と理解するのは難しい

　伝えることができるとわかっているのに、なぜことばが出ないのでしょうか？それは、ことばが他の代理物に比べて格段難しいものだからです。

　ミニカーの簡単な絵を例にしましょう。実物は三次元、絵は二次元です。それでも、ざっくりと見るとミニカーの絵のつくりは実物の外見に似ています。このような類似性があるために、この絵はミニカーを代理しているのだということがとてもわかりやすいのです。

● 実物　　　　　　　　　　　　● イラスト

　ところが、ことばについてはどうでしょうか？「ママ」という音は、目の前に見えるお母さんとちっとも似ていません。いや、似ている似ていないという次元で考えることすらできません。

お母さんは、視覚によって捉えられる立体物ですが、音声は立体物ではなく、聴覚によって捉えられるものです。

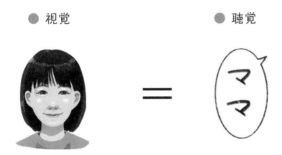

● 視覚　　　　　　　　　● 聴覚

事実、定型発達児は０歳の段階で、まず母国語の音を聞き分ける学習を始め、その後、ことばの意味の学習を始めます。最初は、"もの" と "音" を自分流に結びつけるようです。

１歳前後には、「大人が使っていることばと同じことばを使わなければ、伝達の役に立たない」ことを理解します。

その後、本格的に大人が使っていることばをものに結びつけ、語彙を増やします。

子どもは、一つひとつの "もの" や "こと" に対して、「これは、〇〇と呼ぶことになっているんだ。そういう決まりなんだ」ということを、学ばなければなりません。

さらに、ことばを使うためには、そのことばを構成する音声を口唇や舌を調整して出さなければなりません。クレーン段階でまだことばが出ない原因の一つとして、「そもそも日本語の音が出せない」という場合があり、非常に大きな問題です。

3 ことばが出なくても理解はできる

● お決まりの台詞が理解できるように

　まだことばを発することはできなくても、生活に必要ないくつかのことばは理解できるようになっています。

　例えば、オヤツ、オソト、オイデ、スワッテなどです。これらのことばは、毎日聞いています。「オヤツ」の音声が聞こえたあとには、必ずいつものオヤツが出てくることが続けば、「オヤツ」の音声が大好物と結びついていることが理解できます。

　ことばの学習は、常に理解力が先行し、次に発語がやってきます。そのため、日々の生活ではなるべく同じ "お決まりの台詞" を使うようにします。理解が進むと、親から一語で言われ、それにワンアクションで応じる簡単な指示に従えるようになります。

　「オイデ」「スワッテ」などの指示に従い、「オクツ」と言えば玄関に行って靴に足を入れようとするならば、これらのことばの意味を理解していることがわかります。

\ 特徴の理解 /

4 日本語の音が出せる

● 単語を構成する音が出せるようになる

新生児は、人間からくる刺激への遺伝的な好みを持っています。

例えば、楽しい音楽よりも、女性の声を好みます。このため、周囲の聞こえる音の中で、人間の声を熱心に聞こうとします。０歳で母国語の音を膨大にインプットし、自分でもそれを模倣して日本語音を出せるようになります。

自閉症児は、このような生まれつきの遺伝的好みが稀薄です。人間からくる刺激への興味が薄ければ、生活音の中から人間の声をはっきりと拾うことは難しくなります。

人間への関心が高まると、自閉症児は大人の声をよく聞くようになり、次第に日本語の音に近い音が出せるようになりますが、十分な支援が必要です。

第２ステージでは、単語にならなくても子音母音の音を続けて（BA ー BU など）発音できることを目指しましょう。

5 人との交流が増える

● 人との交流は、ものでは体験できない楽しさがある

　例えば、ジュースが欲しい時に、冷蔵庫の前まで親の手を引っ張っていくジェスチャーのワンパターンがあるだけでは、意思伝達を理解しているとは限りません。「こうすれば、こうなる」とパターンを理解して、その流れを踏んでいるだけという可能性もあります。

　意思伝達の理解が確実に成立していると言えるのは、要求を伝えようとする行動が生活全般に広がり、そのバラエティも充実してきた時です。

　例えば、大人が間近なものを指さしした時にそちらに視線を動かすことができる、大人が歌ったり一緒に遊んでいる時に視線を向ける・微笑む、大人の注意を獲得する目的で声を出す、大人にものを渡しながらアイコンタクトをするなどです。指さしが出てくる場合もあります。

第2ステージの自閉症児は、ものの世界から人の世界へ

　第1ステージに比べると、自閉症児の関心はものの世界から人間との交流に移ってきています。「いないいないばあ」・「たかいたかい」・「くすぐり」・「鬼ごっこ」などの遊びをしている時、アイコンタクトが成立したり、微笑みかけてきたりします。

　第1ステージでは、彼らの脳には難しい"人間からくる情報"に興味を見せず、はるかに単純な"ものからくる情報"に喜びを見出していますが、第2ステージでは、人間はものからは得られない"楽しさを与えてくれる"ことに気がついています。ものは、「たかいたかい」や、「くすぐり」をしてくれるわけではありません。

　自閉症児の興味は、ものから人間に移っていき、それにつれて大人のほうに視線を向けている時間が長くなってきます。

　第1ステージでは、親のところにとどまっている時間はごく短く、何かを教えることが大変難しいですが、第2ステージではその時間が伸びるため、教えられることも多くなります。

　また、大人の活動に興味を持って観察し始めるので、生活自立スキルが身についていきます。

逆転の支援② **要求法**

"最初の一言"を引き出す

● ことばを定着させるコツ

　実は、第2ステージのクレーン段階の自閉症児から発している音の中に、不完全ながらことばがもう出ている場合があります。よく注意して、観察してみましょう。

　どんなに不完全な発音であろうとも、決して言い直しを求めず、周囲が「ことばが出た！」とみなして、そのことばが要求するリアクションを返しましょう。

　例えば、子どもがボールを出してもらいたい時に、何度か「おー」などという音を出していたら、すぐに、「ボール」と名前を言いながらボールを渡してあげます。

　周囲がリアクションしてあげないと、せっかく出かけたことばが消滅してしまうこともあります。

自閉症児に、「ことばって便利だ！」と実感してもらうことが重要です。

　普段からご家族で協力し合い、生活ルーティンの中で積極的に声かけを行い、入浴時には「オフロ」、食事時には「ゴハン」など、統一した短い単語的なことばが飛び交う環境をつくっておくことも大切です。これが、自然に最初の一語が出る条件です。

　第2ステージの非言語的コミュニケーションなどで意思伝達ができる自閉症児から、逆転の支援「要求法」で、"最初の一言を引き出す方法"を紹介します。

＼ 意味のある一言を ／

1 出せる音 から引き出す

逆転の支援！ 意味のない音を、意味のある一言に

1、まず、子どもが日常で出している音をメモします。

2、次に、子どもが大好きで欲しがるものをメモします。

3、ターゲットを絞り込みます。2 にメモしたものの中で、1 でメモした音で表せるものはないか探します。

4、蒸しパンを一口サイズにちぎって、子どもが自力で取れないくらいの距離に置きます。子どもが手を伸ばしてきたら、「パン」と言いながら蒸しパンを手渡します。また手を伸ばしてきたら、次もまた同じように、「パン」と言いながら手渡します。これをしばらくくり返します。

5、4を毎日くり返し、ある日、同じように「パン」と言いながら何回か渡したあとに、蒸しパンを渡さずに子どもの目に見える場所にかざします。そして、無声音で「パン」とささやいてモデルを示し、期待の表情で子どもをじっと見つめます。

6、子どもが、「パン」と言ったら（最初の一音「パ」だけでも）、すぐにパンをそれまでと同じように渡します。3、4秒待って何も返ってこなければ、そのままパンを渡し、次の機会を待ちます。

○ 子どもが一度でも「パン」と言ったら、次に無声音で「パン」と大人が言っても、大体、子どもは「パン」と言うようになります。

支援ポイント ● 最初は略称でも大丈夫、
　　　　　　　　　出しやすいことばを選ぶ

• •

　私は、しゃぼん玉を「バ」と一音で表すことにして、"しゃぼん玉をもう一度出して欲しい"を、「バ」の音で無言語児に言わせることに成功したことがあります。しゃぼん玉は泡ですから、英語でバブル。その最初の音を取って「バ」です。

　完全な日本語にならなくてもかまいません。ことばを正確に言うことよりも、"音を出すことによって、欲しいものを手に入れることができる体験"を積むことが重要です。

　そして、同じ要領で子どもが欲しがるものの名詞を増やしていきます。

　名詞が増え、"全てのものには名前がある"ことの理解が成立すると、絵本の絵の上に親の手を持っていき、その名前を言ってもらおうとしたりします。ことばの習得が加速します。

＼ 最初のことばを ／

2 関わり遊び から引き出す

逆転の支援！ 期待の目で見つめる

● 「たかいたかい」

> 「たかいたかい、はじめ」「たかいたかい！」「たかいたかい、おしまい」など、定型的なことばを毎回くり返します。そして、下ろしたら子どもの顔を期待を込めてじっと見ます。

○ 最初は反応がなくても、くり返しているうちに、笑顔で親のほうを見るなどの非言語的コミュニケーションが現れ、次に、「た」など関わり遊びで使っていることばが出ることがあります。

● 「いないいないばあ」

「いないいないばあ」の「ば」は、子どもに発音しやすい音です。
最初は短く、「いないいない」と言ったあとで、「ばー」と言ってタオルなどを取り去り、期待の目で見つめます（「いないいないばあ」の要領はP18と同じです）。

○「いないいないばあ」は、子どもの飽きが早いのが欠点です。「ばー」の時に面白い顔をする、セリフに楽しい抑揚をつける、他の遮断物を使うなど、いろいろ工夫をしましょう。

支援ポイント ● 大人の期待に子どもは反応する

　ことばの練習全てに共通して、毎回同じかけ声を使います。そして、声を出して欲しい時に期待を込めて微笑みながら子どもの顔をじっと見つめます。期待されなくては、子どもは反応しません。

構音の幅を広げる

● なかなかことばが出ない時には、構音の幅を広げる

　クレーン行動などの意思を伝えようとする行動があり、声もよく出ているのにことばが出ない場合は、発音できる音のバラエティが十分なのかを検討します。

　1部でお伝えした発音を活性化する方法（P26）を使っても、音のバラエティが増えない場合は、より本格的なアプローチに取り組みます。

　音のバラエティを増やすことが目的の時は、親ごさんからの声かけはしません。

　まず、子どもの正面に待機します。子どもがその気になれば、親ごさんのほうに視線を移せる位置であれば十分です。

　できれば、子どもが何か音を出しながら行動している時などがよいです。子どもが何か声を出したら、出し終わるのを待って、1、2秒おいて、子どもの発音を真似した音を出します。

　子どもが次の音を出し始めてしまったら、次のチャンスを待つことにします。自分が発声しながら、同時に他人のことばを聞くことは大人にもできません。

　目標は、子どもが発声する、親ごさんがそれを真似する、子どもがまた真似をして発声する、親ごさんがそれを少し変えた音を発声する、子どもが最初の音と少し違う音を発声する、というような、まるで発音だけで会話しているような発声遊びが成立することです。

　子どもが出す音は、親ごさんが出した音と相当違っていることでしょうが、それでかまいません。

　目標は、子どもが、「さっきとは違う音を出すのだな」と気づき、違う音を出そうとすることです。いろいろな音を出そうとしているうちに、構音できる音の範囲が広がっていきます。

私は、ことばが出ない自閉症児が発声したら、すぐに真似するようにしています。

　しかし、真似したことに子どもが応じて発声してくれて、数回音を応酬することに、一度で成功したことは5回しかありません。

　毎日トライしても、音の会話ができるようになるまで数週間かかると言われています。

2章

単語的な発話段階

第3ステージ・単語段階
第4ステージ・二語文段階

第3ステージ
の基本と特徴の理解

単語 段階

1　"共同注意" が可能になる

2　社会的儀礼のことばが出やすくなる

3　"情報共有" の指さし

4　ものの名前を質問できる

オヤツ

＼　第３ステージの基本　／

● 単語で自分の要求を伝える

　第２ステージまでは無言語の段階ですが、第３ステージから単語を発して要求を伝えることができるようになります。

　ただし、単語を使うのは、食べもの・玩具・親との関わり遊びなど、動機づけが高い（意欲が強くそそられる）物事をゲットしようとする場面に限定されがちです。

　自閉症児も、ここでとうとう"ことばはいかに便利なものか"を理解します。

　ついこの前までは、欲しいオヤツを手に入れようと、テーブルの上にあるお皿を取るために何度もジャンプして、結局は手に入らなかったり、隣の部屋にいるお母さんのところまで走って行って、散々お母さんの手を引っ張ったのに、お母さんはオヤツを出しに来てはくれなかったり、大変な労力を使っていました。

　ところが、今、"オヤツ"と結びついた特定の音を出すと、目の前にオヤツが置かれているのです。使う労力が比べものにならないほど効率的です。まるで、魔法を使えるようになったようです。

　自閉症児は、まず、要求を伝達するためにことばを使い始めます。

1 "共同注意"が可能になる

● 語彙学習を推し進める"共同注意"

　親と遊ぶ時間がだんだん長くなっていくと、親との交流の中で質的な変化が生じます。それは、"共同注意"です。

　人間の認知の中には、視野の中からカメラでズームアップするように、特定のものに焦点を当てて背景から浮かび上がらせる作用、"注意"があります。

　他人が何かに注意を向けていると、何に注意を向けているのかを他人の視線（または指さし）の方向から察して、他人の注意の対象に自分も視線を向けることができます。つまり、同じ対象に二人の"注意"が向きます。これが、"共同注意"です。

　ことばの意味の理解には、"共同注意"が非常に威力を発揮します。大人が使っていることばの意味を理解して、自分も使えるようになっていき、語彙が増えます。

　例えば、大人がスマホを見ながら「スマホ、そろそろ買いかえ時だね」と言ったとします。子どもは、大人の視線の先に何があるのかを見て、「大人が手に持っている四角いものを『スマホ』と言うのだな」と"スマホ"のことばの意味を理解します。

2 社会的儀礼のことばが出やすくなる

● 少しずつ非言語的コミュニケーションと発語が同調する

　定型発達の1歳児は、共同注意のスキルが加わり、他者の意図や感情を推理し、理解できるようになります。

　そのため、他人の行動の目的や、周囲の社会的な行動の理解が進んでいき、あいさつなどのことばも出やすくなります。

　別れる時の「バイバイ」、会った時の「やあ！」、同意や拒否の「うん」「イヤ」などです。

　また、社会的表現の時には、相手へのアイコンタクトを維持できることが必要です。しかし、「バイバイ」と手を振っていても、視線はそっぽを向いている自閉症児をよく見ます。

　このような時、目標となる社会的行動を物理的な力で行わせても、療育的な意味はありません。日常での関わり遊びや、楽しい働きかけをくり返し、非言語的コミュニケーションが自然に発語と同調することを目指しましょう。

3 "情報共有"の指さし

● 欲しいものの要求だけではなく "情報共有" を求める

「自閉症児は指さしをしない」と思っていた私は、児童発達支援所に足を踏み入れた時、「なんだ、指さしは結構出ているじゃないか」と思いました。

指さしには、2種類あります。一つは、高いところのものを指さし、「あれが欲しい」ことを伝えようとする、要求の指さしです。

もう一つは、子どもが大きな犬に気がついて、親ごさんの手を引っ張りながら「ワンワン！」と言う時の指さしです。

子どもは、あの犬が欲しいわけではありません。「見て！すごいワンワンがいるよ！」と親ごさんに気づいてもらい "情報・感情" を共有しようとしています。この指さしは、自閉症児は自然に出ないとされています。私が見たのは、要求の指さしでした。

欲しいものを指さしできるようになった自閉症児には、次に、情報共有の指さしができることを目指しましょう。

● 要求

● 情報共有

4 　ものの名前を質問できる

● 情報のやりとりを理解し、情報を求める

　第2ステージまでは、「オヤツを渡してもらう」「玩具を箱から出してもらう」などの、要求の伝達のやりとりが中心ですが、第3ステージでは、要求が伴わない、"情報のやりとり"の重要性を理解できるようになります。

　ことばが増えてくると、自閉症児は全てのものには名前があることを理解します。そして、いろいろなものの情報を教えてもらおうとして、「これ何？」と聞いてきます。

　情報のやりとりの楽しさがわかると、「これ何？」を引き出すのに、親子で順番にまわりのものを指さしして、相手が指さしたものを見たら名前を言う"呼称ゲーム"ができます。

　最初は、お風呂などでお風呂玩具を指さすなど、限定されたエリアで行います。

絵本を使った“呼称ゲーム”で語彙を増やす

　私の経験では、自閉症児が「これ何？」の質問をたくさんしてくるのは、絵本の絵に対してでした。“呼称ゲーム”は、絵本を使うとやりやすいです。

　絵本をはさんで向き合います。大人が絵本の中の興味深い絵を指さします。情報共有の楽しさをわかっている子どもは、そこに視線を移します。子どもが見ている間に、大人が対象の名前を言います。次に、子どもが興味を持ちそうな対象を選んで指さし、子どもが名前を言います。一つの絵本を1週間ほど使ってから、次の絵本に移ります。

　子どもが慣れてきたら、子どもが大人に名前を言って欲しい対象を選んで、指さすのを待ちます。子どもが自発的に始めなければ、手を軽く取って、指で興味を持ちそうなものをさし、大人が名前を言います。

　絵本の中の絵に、一方が指をさし、他方がその名前を言うことで、順番に情報のやりとりができるようにします。ドリル的にならないよう、楽しいゲームとして進めましょう。

第 3 ステージまでには獲得したい
"名前を呼ばれた時にリアクションする"

相手の注意を引かなければ、コミュニケーションは成功しません。単語で要求を伝えるうちに、やがて「ママ、ごはん」「パパ、公園」など、家族の呼称などを使い、誰にメッセージを伝えようとしているのかが、わかるように発するようになります。

ここで大切なことは、自閉症児本人が、自分に呼称があることを理解しているかどうかです。海外文献などを見ると、1歳の誕生日の時点で、自分の名前を呼ばれてリアクションするかどうかが、最も簡単で便利な自閉症の判定方法とされているようです。

私は、療育室ではじめて会ったお子さんの名前を背後から呼んで、無反応であれば自閉症を疑うことにしています。無視されることがほとんどです。

無反応な子どもには、他の人がいない静かな場所で正面からはっきりと名前を呼びます。反応がなければ、名前を呼んだ直後に楽しい音を出します。視線を向けてきたら微笑み返したり、オヤツを示したりします。

子どもが顔を向ける
方向を限定してあげ
るとさらに確実に！

使える単語を増やす時の注意ポイント

① 単語は、自然な日常生活の流れの中で増やす

　私は、日常生活では全くことばが出ず、絵カードを見た時だけ絵の単語を言う自閉症児に複数出会い、とてもショックを受けました。

　人工的場面で単語を機械的に復唱するだけでは、"ことばは、他人に向かって発するもの"という感覚は身につきません。ドリル的に単語を覚えても、"使えることば"にはならないのです。

　「オヤツ」と単語で要求してくる子どもが、大人の反応を確認しようとこちらに視線を向けているかどうかを見ます。

　単語を発してすぐに別の方向を見てしまう子どもには、わざとオヤツを渡さないでおきます。子どもが、「どうしたんだろう？」と視線を向けてきたら、微笑んで「ハイ、クッキー」と欲しいものの名前を言って渡します。

　このように、単語は"自然"な日常生活の流れの中で増やすことが大切なのです。

② 長い文は、単語が理解できていないと言えない

「早く長い文が言えるようになって欲しい」と願うあまり、子どもに復唱を求めたくなることもあると思います。

　しかし、出して欲しいのに子どもがその文を出せないのは、文の単語の意味がよく理解できていないからです。

　発達アプローチの療育本の中に、「二語文は、使いこなせる単語が 60 ～ 100 になると自然に出てくる」という指摘があります。まずは長い文を言わせようとするよりも、使える単語を増やすことが必要です。

　「『ママ、紐通し手伝って』って言ってごらん。ハイ！」など、復唱を求めるのは禁物です。むしろ、適切なことばが出せずに困っている時に「紐通し手伝って」と子どもが言うべき文をゆっくり言いましょう。文のモデルを大人が示すだけで、十分意義があります。

第 **3** ステージ

逆転の
支援 ③　　　お邪魔法

"動詞" を増やす

● 「お邪魔法」は、
　助けを求めざるを得ない状況を設定する

「自閉症児が、困らずに一人でできるような環境をつくってあげよう」という方向が昔からあります。

例えば、玄関の近くに、外出用のズボン、シャツ、上着というように、順番に身につけていけば外出できるように服をかけておきます。外に出ようとする時、手近なところから取って着て、最後に靴を履けば外出準備が整うわけです。自閉症児にとっては、とても行動しやすくなります。

しかし、しつらえられた環境を "一人" で進んでいくだけです。そこでは、他者とのコミュニケーションは不要となってしまいます。

誰とも口をきかなくても困らなかったら、対人関係に関心が薄い

自閉症児は、コミュニケーション力を伸ばす機会をなくしてしまいます。

　ここで、外出用の上着をわざと別のところに置いてみます。庭に遊びに行こうとした時に、外出用の上着が見つからないことに気がついたら、子どもは大人の力を借りざるを得ません。つまり、大人にコミュニケーションをせざるを得なくなります。

　ただし、いつもの外出用上着がなかったらパニックを起こして、ただ床に身を投げて泣き叫ぶだけ、という自閉症児には、この方法はまだ時期尚早です。
　ことばを伴っていなくても、大人の腕を引っ張りに来るなどの伝えようとする行動をとることができることが前提になります。

　これからお伝えする「お邪魔法」は、自閉症児が大人の助けを求めざるを得なくなる状況を意図的につくるという方法です。
　この方法は、大人はしかけだけしておいて、あとは待っていればよいので労力を他のところに回せます。また、自然なシチュエーションで行うので、身につきやすいです。

　第3ステージ「単語段階」の自閉症児から、逆転の支援「お邪魔法」で、名詞より難しい、"動詞を増やす方法"を紹介します。

＼「とって」の動詞を／

1 置き場所 から引き出す

逆転の支援！ 届かない場所に置いたオヤツの催促を待つ

1、子どもがいつも食べているオヤツを、子どもには見えるけれど、手が届かない高いところに置いておきます。オヤツを欲しがった時に、視線を子どもと同じ高さにしてアイコンタクトをとり、無声音で「とって」と言ってモデルを示します（必要なら指さししながら）。期待を込めて子どもに微笑みかけ、子どもがコミュニケーション行動をとることを待ちます。

2、子どもが「とって」と言っても言わなくても、「オヤツを取るよ」とモデルを示し、オヤツを渡します。

支援ポイント ● 動詞は難しいため、
　　　　　　　視覚的な手がかりがあるものから習得

　身近な名詞を相当数使えるようになってから、動詞の習得が本格的になってきます。この順序は、定型発達児も同じです。

　名詞「バナナ」を例にあげると、「バナナ」で表される対象は、空間の中で位置を占めていて、黄色い色をしていて、時間が経ってもそれは変わりません。何に対して、「バナナ」と言っているのか、とても把握がしやすいです。

　対して動詞の"動き"は、すぐに消えてしまうものです。また、「取る」を例にあげると、タンスの上から取るのと、冷蔵庫の中から取るのでは視覚的にはまるで違うのに、どちらも「取る」です。そのため、異なる出来事の共通点を探す認知能力が必要とされます。

　最初の動詞習得には、視覚的な手がかりがはっきりしたものが習得しやすいです。例えば、「取る」は、"欲しいものが高いところに置いてある時"という視覚的特徴があるため、どのような時にその動詞を使うのか、視覚的にわかりやすいです。

● 取る

＼ 「あけて」の動詞を ／

2 開かない蓋 から引き出す

"開ける" という動詞も、"容器から取り出す時" という手がかりがあるので、理解しやすい動詞の一つです。

逆転の支援！ 開かないようにした蓋で差し出しを待つ

> １、子どもの力で開かない程度であれば十分です。中が見える透明な容器に入れたり、食べものの写真のシールを容器の外に貼ったり、中に欲しいものが入っているのがわかるようにします。

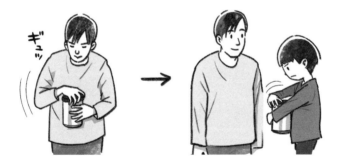

> ２、子どもが親に容器を差し出してきたら、小声で「あけて」とモデルを示します。

○ 大人のほうを見るだけで何もしない場合は、小声で「あけて」と言いながら子どもの手を取り容器を近づけさせます。

支援ポイント ● 差し出すことで、注意をコントロール

　このお邪魔法のもう一つの狙いは、"共同注意"の足固めです。自閉症児は、指さしやその理解が苦手です。フェイス・トゥ・フェイスの次の段階として、同じ対象に一緒に視線を向けることが重要な課題となります。他人が注意を向けている対象を、視線の向きから判断して、自分の注意を同じ対象に向ける共同注意、その第一歩となります。

　さらに、共同注意は"興味深いものを見せ合う"という課題があります。子どもが何か（例えば、新しい玩具）を持っていたら、「見せて！」と言い、子どもがそれをかざしたら、「すごい！」と大げさにリアクションします。また、大人が意外なものを持って、「見て！」と言い、子どもとエキサイトしたりしてみましょう。

　今注意していないものから、相手の指示するものに互いに注意をコントロールし合うことは、指さしへつながります。

第 4 ステージ
の基本と特徴の理解

二語文 段階

1 二語文で短い会話が可能

2 物理的な形容詞を理解できる

3 コメントなどの文の種類が広がる

4 様々な質問に答えられるようになる

5 ことばのキャッチボールが始まる

＼ 第４ステージの基本 ／

● 二語文での短い会話ができる

　第４ステージの自閉症児は、"ことばを複数使うと物事をより正確に伝えられる"ことを理解しているため、二語文が言えるようになります。

　ただし、まだ文法の規則に沿って文を構成する力が弱く、表現できることは限定されています。「シャツ脱ぐ」「ねんねイヤ」など、赤ちゃんことばのようなレベルで始まります。

　このステージで、「ことばのキャッチボールにならないんです」と心配される親ごさんに、たくさんお会いしました。

　ご心配はもっともです。一方が発話する、その話が終わってから他方が発話する。私たちは、順番に話しをします。そのルールを両者が守ることによって、会話が成立します。

　このような順番交替（ターン・テイキング）が、「人類のコミュニケーションの最も根本的な特徴だ」とする学者もいるくらいです。

　順番に発言する最初の取り組みは、親が質問する、子どもが答えるという発話ペアです。第４ステージは、この会話への一歩が踏み出されます。

1 二語文で短い会話が可能

● "てにをは" を使わない "対象＋行為" の二語文

　第4ステージでは、複数の語を並べるようになりますが、"てにをは" を駆使することはまだできません。"てにをは" は、それ自体に意味がなく、他のことばにくっついて、そのことばの文中の役割を示すだけです。

　例えば、「○○を」と言えば、「を」は、○○が文の目的語であることを示します。これらを "機能語" と言います。

　第4ステージの自閉症児は、名詞や動詞などの意味を表す実質語しか使えないため、文法ルールを考えながら話すことはできないのです。

　文法に沿った表現ができるのは、日常で慣れている単語を並べるだけのパターンに限定されます。最も多いのは、「オヤツ食べる」「公園行く」などの "対象＋行為" の構成です。

ステージ3

ステージ4

\ 特徴の理解 /

2 物理的な形容詞を理解できる

● 基本的な形容詞を理解し使う"形容詞＋名詞"の二語文

大きさ・色などの、物理的特徴を表す初歩の形容詞を理解し、簡単な使い方ができるようになります。

"大きい・小さい"などの最も基本的な物理的特徴と、2〜3色の色彩名称で、「大きいワンちゃん」「青い電車」などの、"形容詞＋名詞"の単純な使い方が中心です。ここでは、それで十分です。

また、「どっちのおまんじゅうを食べたい？白？赤？」と聞かれた時に、「白」と答えるなども可能です。「この色は何色？」などの質問を使って、色彩名称を増やすことも可能です。

しかし、子どもは、「白」、「みどり」と単語一つ言えばいいだけなので、たくさんのことばを文法的に並べることや、いろいろな機能の発話をするなどの療育には、有用ではありません。「白いおまんじゅうを食べたい」と、文法的にことばを並べられるようになるのは、次のステージになってからです。

● やさしい形容詞

・おおきい
・あおい

● むずかしい形容詞

・かわいい
・すごい

大きいワンちゃん

3 コメントなどの文の種類が広がる

● 要求する文だけではなくコメント・命令などの文が出る

　第3ステージでの自閉症児の発話は、要求が多くを占めていました。第4ステージでは、現実を描写するコメント文が増えてきます。

　例えば、目の前の出来事を「赤ちゃん、ねんね」「ワンワン、ごはん」などの二語文で大人に伝えようとします。

　ことばの発達には、非常に大切なことがあります。私たちは、どうしても"語彙が増えた""文を構成する単語が増えた"などに注目しがちです。しかし、もう一つ重要なことは、どのような目的で発語を行うのかという"文の機能が広がること"です。

　コメント以外では、命令（依頼）の文がこのステージで出始めることもあります。「ワンワン、お座り（しなさい）」「パパ、車（運転して）」などの簡単なものです。

ママ、バイバイ

4 様々な質問に答えられるようになる

● 簡単な "Wh クエスチョン" に答える

第3ステージで、情報共有して共感し合う楽しさを理解した自閉症児は、第4ステージでは、質問に答えて情報を提供したり、質問して情報を求めたりなどの、情報のやりとりが可能になります。

第4ステージで習得できる質問に答える "Wh クエスチョン" を難易度順にあげると、「Which」（どっち？）→〈イエス・ノー〉→「What」（何？）→「Where」（どこ？）→「Who」（誰？）です。

「Why」（なぜ？）、「How」（どのように?）は、二語文以上で答えなければならないので、次のステージでの課題となります。「When（いつ?）」も、昨日・明日などの時間理解を必要とします。

情報を求める質問は、最も簡単な、「What」（何？）、「Where」（どこ？）を使った、簡単な質問文ができるようになります。イエス・ノークエスチョンも、一語を尻上がりに「アメ？」などと言って、ごく簡単な質問ができるようになります。

5 ことばのキャッチボールが始まる

●いろいろなことが理解できるように

　第4ステージでは、ことばのキャッチボールが始まります。ことばのキャッチボールは、"大人の質問に子どもが答える"という流れで行うと、子どもは理解しやすいです。

　子どもの要求に絡んだ質問をすると、答えようとする意欲が高まります。「何食べる?」「どこに行く?」などです。

　しばらく待っても答えが返ってこなければ、「何食べる?うどん?それとも、おそば?」など、より簡単な選択肢質問を加えます。

　しかし、一方だけが次々に質問して、他方が答えていくやりとりは、日常的な会話ではまずありえません。

　語彙テストのように次々に聞いていくと、子どもは嫌気がさしてしまうことがあります。質問攻めにならないように注意しましょう。

第４ステージの自閉症児でも、ことばの単位が理解できていないことも

　定型発達児は、０歳から名詞・動詞などの実質語は"強く言う"、機能語は"弱く言う"パターンを、大人の会話のイントネーションから学んでいます。また、ことばを小さな単位で学習することをはじめから身につけているため、単位を組み合わせて新しい文を容易につくれます。

　これに対して、実質語と機能語を分けて捉える習慣が十分に形成されなかった自閉症児は、文全体をひとまとまりにして、一つの単語のように丸暗記する学習方法に陥りがちです。第４ステージで三語以上の文を言っている場合は、どこかで聞いた文を丸暗記して、くり返しているだけなのかもしれません。

　丸暗記の傾向が強ければ、話しかける時に単語と単語の間をほんの少し空けて、単語に一つずつジェスチャーを添えるなどして、意味を持つ単語に分解してあげます。単位として捉える姿勢を身につけましょう。

● 定型発達児

● 自閉症児

逆転の
支援④　**選択肢法**

"ことばのキャッチボール"を
引き出す

● 自閉症児は丸暗記主義

　質問には、難易度の差があります。イエス・ノークエスチョンが一番簡単だと思う方が多いかもしれませんが、実は、自閉症児にとって答えるのが最も簡単な質問は、「どっち？」、Which 質問です。「どっちを食べたい？グレープフルーツ？バナナ？」と選択肢で質問をされた時、相手の発話の一部をくり返せばそれで答えになります。

　自閉症児のことばの習得スタイルは、丸暗記主義になりやすいと言われています。

　例えば、「ぼくは幼稚園に行った」を、まるごと一つの固まりとして覚えてしまうのです。そのため、発話がいくつかの台詞に限られてしまうことが起こりがちです。

定型発達児は、分析的学習スタイルでことばを学ぶとされています。「ぼくは幼稚園に行った」を、「ぼく」「幼稚園」「行った」の単位に分析して捉えます。

　そのため、それぞれの要素を別のことばに置きかえることができます。「ぼく」は「妹」に、「幼稚園」は「家」に、「行った」は「帰った」に置きかえることが可能だと捉えられるので、「妹は家に帰った」と、要素を入れかえた新しい文を容易につくれます。

　自閉症児には、そのまま丸ごと言えばいい丸暗記法はやりやすい学習方法ですが、どこかで聞いた文を丸暗記して他のところでくり返すという、エコラリア（オウム返し）の危険も持っています。

　しかし、ことばが苦手な自閉症児にとって、数少ない学習方法の一つであることは事実です。有効活用できるところでは、利用しましょう。

　文をひとまとまりとして捉えがちな自閉症児には、“文は単語の集まりでできている”がわかるように、単語と単語の間をほんの少し離し、ゆっくり言ってあげましょう。

　逆転の支援「選択肢法」は、第３ステージのことばを伸ばしたい、二語文に進めたい「単語段階」の自閉症児にも、第４ステージの二語文を伸ばしたい、ことばのキャッチボールに進めたい、「二語文段階」の自閉症児にも、有効な支援です。

　「選択肢法」で、“ことばのキャッチボールを引き出す方法”を紹介します。

1 選択肢 から増やす

\ ことばの数を /

逆転の支援！ 反復を使う

Which（どっち？）質問をして、二つの候補から選択させます。ポイントは、後ろに"おそらく子どもが選ぶであろう選択肢"を持ってくることです。親が言ったばかりのことばを反復すればいいだけなので、自閉症児には習得が容易です。

支援ポイント ● Which 質問を正確に理解しているか？

Which 質問は、ことばを伸ばす様々な目的で使うことができます。まずは、名詞の習得です。単語を定着させるために使うことができます。

「どっちを食べたい？グレープフルーツ？バナナ？」の Which 質問に「バナナ」と答えれば、バナナを差し出して、「バナナ」のことばと実物とを結びつけることが簡単にできます。

絵カードなどではなく、実物と結びつけられる日常の自然なシチュエーションで行うことが大切です。選んだものが手に入ることや、実行することがごほうびとなります。

ある程度 Which 質問に慣れたら、選びそうな選択肢を前にしてみます。後ろの選択肢ばかりを答えるのであれば、「とにかく大人が最後に言ったことをくり返せば何かもらえる」と誤った受けとり方をしています。

この場合、選択肢の質問が、"何について聞いているのか"の理解を確実にするために、欲しいものとそれほど欲しくないものの実物をかかげて、それほど欲しくないものを後ろにして Which 質問をします。

後ろの選択肢を答えたら、それほど欲しくないものを渡し、"名前を言ったほうのものをもらえる"ことを学んでもらいます。

欲しいものを前にしても、欲しいものを選んで言えたら、選択肢の意味を正しく理解していることになります。もう、どちらを先に言うかにこだわる必要はありません。

2 二語文を 文章選択 から引き出す

逆転の
支援！ 選択肢を二語文にする

1、子どもに、単語ではなく二語文を選択させます。

2、もし子どもが「ママ」と一語文で言ったら、すぐに手伝わず、「ママが手伝う？」と二語文を言ってから、期待の目でじっと見つめます。それでも二語文が出なければ「ママが手伝うんだね」とモデルを示して手伝います。

支援ポイント ● 復唱の要求はＮＧ、モデルで十分

選択肢を使わなくても、二語文を出すための方法があります。

単語段階では、ワンアップルールに従って、日頃から基本的に二語文で話しかけて、モデルを示しています。

例えば、子どもに「ミニカーで遊ぶ？」と二語文で提案していたとします。二語文がまだ出ていない子どもはここで、ただ「ミニカー」か、「遊ぶ」と一語だけで答えるでしょう。

その時、もう一度「ミニカーで遊ぶ？」と二語文のモデルを示します。子どもを期待の目でじっと見つめ、子どもが「ミニカーで遊ぶ！」と二語文を模倣するかを見ます。

二語文を模倣してくれればいいのですが、また「ミニカー」や「遊ぶ」とだけ答えた場合は、「ミニカーで遊ぶんだね」とモデルを示してさらりと切りあげます。

ここでさらに復唱を求めると、日常会話ではありえない不自然な流れになってしまいます。さらりと切りあげて、一緒に遊ぶ準備に移ります。毎日多くの機会が訪れます。

3 ＼ キャッチボールを ／ 選択のくり返し から伸ばす

　Which 質問のもう一つの効用に、"会話のキャッチボールを維持していく"があります。二つのものから選択することをくり返して、一つのテーマで、ざっくりとしたものから細かいものへと問題を絞り込んでいきます。

逆転の支援！ 選択肢質問を何度もくり返す

1 、子どもにとって非常に重要な問題、「夕食のおかず」の確認をします。

〈1往復〉

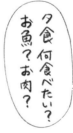

お肉

夕食何食べたい？お魚？お肉？

2 、次に、さらに細かいものに絞り込んでいきます。

〇 "夕食のおかず"の一つのテーマで、キャッチボールを3往復続けることができました。3キャッチボール程度なら、自然な会話の範囲内になります。

支援ポイント ● 子どもが楽しみにしているトピックで

選択することで、これから起こる楽しみにしていることが、どんなものになるのかが決まるので、子どもは話をそらさず一生懸命に答えてくれます。

「次の休みに行く遊園地」「誕生日に欲しいプレゼント」、楽しみにしていることであれば、いろいろなトピックの設定ができます。

食べるものについては、1日に何度も一つのテーマで会話を展開することができます。

Which質問は、質問の第一歩にだけではなく、さらに会話力を伸ばす段階の第一歩としても使うことができるのです。

逆転の支援⑤ ハプニング法

"自発的な会話" を引き出す

● "言い出せない" は、社会的不利益に

　自閉症児は、会話の始発が苦手です。エリは、大学の軽音楽サークルに参加していました。ステージでの発表があるたびに、中心メンバーが発表したい曲を選び、その曲を一緒に演奏したい部員が集まってバンドを構成します。

　せっかくの社会体験の機会なのですが、エリにはなかなか誘いがかかりません。たぶん、同世代から見て魅力的な会話者ではないからでしょう。

　私が、「去年バンドを組んだ○○君が、最後に『また一緒にやりましょう』って言ってきたって聞いたけど、○○君に『やりませんか?』と声をかけてみたら?」と言うと、エリは、「私、声かけるの苦手だから」と……私は、引きさがることしかできませんでした。

家庭の中では、自分から話しかけることは普通にできるエリですが、家の外でそれができるところまでには至らなかったということなのでしょう。

　ＤＳＭ－５（アメリカ精神医学会発行の、精神疾患の診断基準・診断分類の第５版）の自閉症の診断基準Ａ（１）の文面の中には、「社会的相互作用を、開始したり応じたりすることができない」ということが書かれています。
　自分から会話を始発することの困難は、自閉症の基本的な障害特性の一つの現れで、社会参加の機会を大きく制限させてしまいます。

　二語文段階の第４ステージの自閉症児から、逆転の支援「ハプニング法」で、"自発的な会話を引き出す方法"を紹介します。
　前章で、質問に答えられるようになるための介入方法についてお伝えしましたが、自閉症児は、質問された時だけ発話する受け身のスタンスに陥りやすいため、自分から会話を開始するための支援も必要なのです。

1 ＼ 自発的な発話を ／ わざとボケて 引き出す

逆転の支援！ わざと大人の失敗寸前を見せる

例えば、子どもの目の前に、牛乳パックを置いておきます。お皿を子どもの前に差し出す時に、腕を横に少しずらして、牛乳パックを押して倒しそうにします。

○ 失敗寸前を見せることで、子どもが、「あぶない！」「ちがう！」「ダメ！」など、自発的に最初の一言を言う機会をつくります。

支援ポイント ● 親がボケて子どもにつっこんでもらう

　お笑いには、ボケとツッコミがあります。まず、ボケがおかしな発言をします。それに対してツッコミが、そのおかしさを指摘して、笑いを誘うというコミュニケーションです。

　つまり、子どもに対して、親がボケをやり、子どもにつっこんでもらうという方法です。

　私は、エリが小学校中学年の時に、帰宅した時にスーツを裏返しに着て姿を現すことをしばらくやっていました。エリは、笑いながら必ず一言は何か言ってくれました。

　いずれも、大人は何も言わずに視覚的なおかしさを見せるだけにとどめることがポイントです。子どもに、最初の一言を切り出させるのです。

＼ ない（不在）の表現（発話）を ／

2 必需品を隠す から引き出す

逆転の
支援！　時どきルーティンを壊して

1、毎日のように使う玩具を、いつも置いてある場所から移動させてしまいます。

2、子どもが「ミニカー、ない」と自発的に言ったら、「ミニカーどこ？」と言いながら一緒に探して見つけて渡します。

○「ミニカー、ない」の表現をターゲットにすると、二語文理解の課題になります。「あっ、あそこにあるよ」と指さしすると、指さし理解の課題になります。「どこにありそう？」などと質問した時に、子どもから指さしが出ることもあります。

支援ポイント ● 宝物を隠すゲームで位置表現も

　必需品を隠すハプニング法は、生活ルーティンとして、何をどういう順番で使うかがしっかり習慣化されていて、日常でものがどこにあるのかが決まっているぐらいに、整理整頓されていることが前提となります。

　また、いつも使っているものがなくてもパニックになったりせず、親に助けを求める解決方法を身につけていることも必要とされます。

　ハプニングが多すぎるとルーティンがガタガタになってしまいますので、一つのルーティンで起こるハプニングは1回にします。

　"隠して引き出す"方法は、宝物探しゲームで場所を表す表現を引き出すことに応用できます。

　「〇〇君の好きなものを隠したよ。お母さんが言う通りに歩けば見つかるよ」と提案します。「最初にテーブルまで歩いてください」などと、位置表現を入れた指示を出します（最初は、誰かが隣で誘導します）。「下」「横」「前」「後」などの位置表現を子どもから引き出したり、位置表現に慣れることができます。

\ 会話への注意力を /

3 **やめて戻して** 引き出す

　ことばのキャッチボールが続くようになる第5ステージ以降でも、子どもが会話中に横を向いてしまうことは珍しくありません。

逆転の
支援！ **いきなり話を止めてハプニングをつくる**

1、会話の途中で子どもがそっぽを向いて会話から注意をそらしてしまったら、大人は文章の途中でもいきなり黙ります。

2、子どもが驚いて大人のほうに視線を向けたら、何事もなかったように再び話し始めます。

支援ポイント ● 第２〜６ステージで使える予期せぬ中断

　予期せぬ中断は、アイコンタクトを促すだけではなく、会話の練習にも非常に有効な方法です。

　会話の練習に使う場合は、"文章は最後まで言う""順番に話す"などの会話のルールが当然のものとして身についていることが必要です。

　会話の流れでは、いきなり黙ってしまうのは小さなハプニングです。「何かあったのかな？」と子どもの注意力を高めます。

　流れができている行動は、予期せぬ中断によって注意を引き出すことが可能ですが、子どもが何度も注意をそらしてしまう場合は、注意力キープの限界にきていると判断して、途中で切りあげたほうがよい時もあります。

　小学校時代のエリは、相手が話している途中で注意力を維持できなくなり、そっぽを向いてしまうことがよくありました。私がいきなり黙るとエリは必ず、「どうしたんだろう？」という表情でこちらを見てくれました。

　他にも、エリのそれた注意を戻すために、自分の頬を軽く叩いたり、舌を使って面白い音を出すという方法もよく使いました。

Wh 質問をマスター

　Wh 質問は、簡単な順からマスターしていきます。第3ステージで、What（何？）、第4ステージで、Where（どこ？）Who（誰？）When（いつ？）、　第5ステージで、Why（なぜ？）How（どのように？）の順で、習得が進みます。

　● What（何？）は、名詞を言えば答えられる質問です。名詞がどんどん増える第3ステージの後半で答えられるようになります。

　● Where（どこ？）は、全てのものはどこかの場所にあり、探す経験を子どもは何度もしているので理解しやすいです。ただし、答えるには場所を表す表現が必要です。

　● Who（誰？）は、他人の呼び方（先生、おじいさん、妹など）がマスターできたあとに理解できるようになります。

　What、Where、Who の3つの質問を理解するために、しかけ絵本を使って教える方法があります。絵の一部分が隠されている、しかけ絵本を使います。

　「何？」は、覆いをゆっくりとめくりながら、「何？何？何？」などと言って楽しい雰囲気で盛りあげます。

　「どこ？」は、簡単な探し絵本の中を「どこ？どこ？」と言いながら指で探索していきます。見つかったら、「池のところにいたー！」などと、場所を表す表現を入れて盛りあげます。

　「誰？」は、隠されているのが人物や動物の場合に、「誰？誰？」と言いながら覆いをゆっくりとめくっていきます。

　When（いつ？）、Why（なぜ？）、How（どのように？）質問に答えられるようになるには、まず、親ごさんが現実のモデルを日常の中で何度も示す必要があります。

　● When（いつ？）質問は、時間の理解が必要です。日常の中で、「昨日の遊園地は楽しかったね」「夏になったらバーベキューしようね」などの時間情報を含んだことを頻繁に言います。未来の楽しい予定を、「旅行に行くことにするよ」などと時間をぼかして表現すると、「いつ？」という質問を引き出しやすくなります。

● Why（なぜ？）質問に答えられるようになるには、"原因と結果"の枠組みで物事を考えることを身につけなければなりません。

日常生活の中で、「蚊にかまれたんだね、だから、かゆくなったんだね」「特急列車に乗れたね、だから、早く着いたんだね」など、現実の結果とその原因を結びつける発言を意識的に増やしましょう。

● How（どのように？）質問は、"様子"に関する質問です。様子は、あげられる特徴が非常に多いです。ものの物理的特徴を描写できるようになるのは、第5ステージです。

まずは、日常の中で、「大きな家だね」などと単純な物理的特徴を言います。新しい表現を習得する時には、子どもが意欲的になれる場面を活用しましょう。単純な物理的特徴をマスターしたら、「強い恐竜」「きれいなお花」など、様々な様態を表す表現のモデルを示します。その中から適切な"様子"を選べるようになります。

最初にWh質問が習得されるステージをあげましたが、これは、その質問に答えられるようになるステージです。自分で使いこなせるようになるのは、おおよそ次のステージです。そのためには、自然な場面で、質問に何度も答える機会をつくることが大切です。

3章

会話ができる段階

第 **5** ステージ
の基本と特徴の理解

文法 段階

1　トピックが過去・未来へと広がる

2　ものの形状を説明できる

3　感情を言語化できるようになる

4　初歩の丁寧表現を使い分ける

5　幅広い文法表現と共に豊かな人間関係

＼ 第５ステージの基本 ／

● 三語文以上が出て表現が広がる

　第５ステージは、ことばを単語に分け、“てにをは”などで単語をつなげて、文法に沿った三〜四語文を出せるようになります。

　第５ステージで新しく身につく文法は数多いです。しかし、重要なことは、身についた文法によって周囲の人と豊かな関係を実現できるかどうかです。

　子どもが要求することを目的として発話するだけでは、相手との関係は、“要求する人”と“それを叶えてあげる人”にすぎません。それは、路上で道を聞くだけの関係でも起こりうることです。

　周囲の人と豊かな関係を実現できるようになるためには、要求や応答にとどまらず、情報や感情を共有したり、譲歩したり、約束したり、評価したり、許可を求めたり、自己開示したり、実現可能性がない願望をあえて口にしたりなど、様々な言語表現を伴う“相互交流”が必要なのです。

　第５ステージは、文法の習得によって、連休中の予定を話し合ったり、アルバムを見ながら思い出を語り合ったり、「お金持ちになったら何をしたい？」などの仮定の話をするなど、人との関係の幅が広がります。

1 トピックが過去・未来へと広がる

● "今""ここ"を超えるトピックの広がり

　棚の上のものを取ってもらおうと「オヤツ」と言う時、トピックは、"今"、"目の前にあるもの"に限定されています。

　第5ステージでは、「今日の給食はハンバーグだったよ」「明日、家族でレストランに行くよ」など、過去の出来事、未来の予定など、今現在を超えたことを語れるようになります。

　未来のことをトピックにするためには、それが既に決まっている予定なのか、単なる願望を言っているのか、相手にわかるような文法の使い分けが必要になります。

　このような文法の使い分けの進歩は、家族で将来の計画を話し合ったり、思い出を語り合うなど、自閉症の子どもとの生活を共にする場面を広げます。過去の出来事の話題については、アルバムなどの視覚的な手がかりを使って慣れていきましょう。

\ 特徴の理解 /

2 ものの形状を説明できる

● まわりの世界の様子を描写する表現が確立する

　第 5 ステージでは、大小や色などの物理的特徴に加えて、「たくさんの」などの"量の表現"や、「より大きい」「より少ない」などの"比較表現"が可能となります。

　さらに、隣に・正面に・後ろになどの位置関係を細かく表現できるようになります（テーブルの上・冷蔵庫の中など、要求と密接な基本的位置表現は、第 4 ステージで表現できるようになります）。

　「自動車ってどんなもの？」という質問に対して、3 ～ 4 個の特徴をあげることが可能になります。日常生活でも、「もうちょっと欲しい」などの細かい表現ができるようになります。

　しかし、現実よりも、似たような空想的発言のくり返しに陥る場合もあります。自分だけの自閉的空想を話すのは、まわりの世界とことばとが合っているかどうかをチェックしなくてよいので、自閉症児にとって楽なのでしょう。

3 感情を言語化できるようになる

● 喜び・悲しみ・怒り・驚きを言語化

　定型発達児は、２歳で喜び・悲しみ・怒り・恐れの感情を言語化します。これに驚き・嫌悪を加えた感情を示す表情を、２歳児は区別し、多くの文化圏で感情の基礎レベルとされています。

　つまり、これらは文化の違いによって左右されない、人としての普遍的な感情と考えることができます。

　第５ステージでは、喜び・悲しみ・怒り・恐れなどの基本的感情をことばで適切に表現できるようになります。

　また、「どうして怒っているの？」などと質問されると、感情の原因を説明することができます。同時に、自分の中で起こっている体調に関係することなどを言えるようになります。

　第４ステージでは、これらの感情を示す写真を区別できるようになります。第４ステージから、大人が大げさな表情をつくり、それに応じたことばを言うようにすると理解が早まります。

4　初歩の丁寧表現を使い分ける

● 社会的立場によってトークスタイルを切りかえる

　社会理解が進み、ことばの理解が進むと、初歩的な丁寧表現ができるようになります。海外文献では、「サンキュー」、「ソーリー」「エクスキューズ・ミー」などが例としてあげられています。

　これらの表現を、相手の社会的立場を判断して柔軟に使えるようになります。同じ内容でも、自分と同格の同年齢の子どもに言う言い方と、先生などの目上の人に言う言い方とで、ことばを使い分けられるようになります。また、自分よりも年少の子どもにはゆっくりと言ってあげるなどの、切りかえもできるようになります。

　また、断言的に「家に帰ったほうがいい」と言うと、きつく聞こえますが、これを「家に帰ったほうがいいだろうね」「家に帰ったほうがいいかもしれないね」など、物事を推測する表現を使い、やわらかな言い方にすることもできます。

　「家に帰ったほうがいいよね」など、自分の発言の確信度を表す未来の表現として使うこともできるようになります。

5 幅広い文法表現と共に豊かな人間関係

● 最初は"てにをは"を少しずつ入れられるようになる

　第4ステージで、「チョコタベル」などと、一つの単語のように言っていたのが、「アイスを食べる」など、"てにをは"が少しずつ入るようになり、単語を差しかえるなど、扱い方も柔軟になります。

　語数の多い文を言おうとすると、単語との間が空いてしまったりしますが、子どもは文を組み立てようとして頭の中で作業をしていますので、じっと待ってあげることが療育的な効果を生みます。

　自閉症児は、記憶の倉庫の中からことばを検索するのに時間がかかります。どうしても文がまとまりそうになければ、言いたいのであろうと思われる簡単な文を大人が言います。

　仮定に基づいて話し合ったり、「マラソンで走らされた」などと受動態で学校の話をしたり、ユーモアなど事実とは異なる文を言うなど、文法的に様々な表現ができるようになると、様々な機能を持った発話が可能になり、人間関係も豊かになっていきます。

第5ステージの自閉症児でも、
他者の心を理解することは苦手

　自閉症児が苦手とする表現の中に、「○○は、△△が××と思った」というタイプの表現があります。例えば、「パパは、カレーが食べたいと思った」などです。

　この表現ができるようになる前提として、他者の心を理解する能力が必要です。"他人は、自分とは異なる信念を持っている""他人は、その信念に基づいて行動している"という理解です。

　これが可能になるのは、定型発達児でも5歳とされています。0歳段階から他人への関心が通常より薄い自閉症児のうち、高機能児だけが可能とされています。

　他人の考えを推測する力がある子どもは、学校適応が良好で、読解力などの学力も高いという研究もあります。文法表現が広がりを見せても、自閉症児には他者の心を理解するための支援や配慮が必要なのです。

● 定型発達児　　● 自閉症児

逆転の支援⑥　ブロック法

"文法表現"を身につける

●ブロックやパズルは、文法習得のツールになる

　療育室でスタッフが親ごさんに、「今日、今までより多い数の
ピースのパズルができました」と報告すると、ほとんどの親ごさん
が喜びます。

　しかし、私が見た限りで言えば、自閉症児で知的能力を働かせな
がらパズルに取り組んでいる子どもは、よほど高機能な子どもに限
られていました。

　私が思い出すのは、幼稚園から小学校に上がるころのエリが、パ
ズルをやっている光景です。

　エリは、二つのピースを片手に一つずつ持って、ピース同士をガ
ンガンぶつけています。ピースとピースががっちりと合うことを期
待しているのです。ピースの絵はほとんど見ていませんでした。

ピースとピースの形状を合わせようとしているだけなのであれば、単に形状を組み合わせるだけの遊び（積み木やブロック）と同タイプの遊びです。

　自閉症児は、視覚的把握力に関しては定型発達児とあまり変わりはないと言われています。形状を見て、「これとこれが合いそうだ」と判断することは容易なのでしょう。

　必ずしも「このピースに目が描かれているから、隣にはもう片方の目を描いたピースがくるはず」というような、認知的判断をしているとは限らないのです。

　しかし、自閉症児が好むツールを放っておく手はありません。海外の療育書（パズルは、ブロックと同じタイプの遊びとされていることが多いです）には、「ピースとピースがカチッとはまる時の感触が、自閉症児にとっては心地よいものだろう」とも指摘されています。例え内容的にブロックのはめ込み遊びと同様だとしても、実はパズルはことばを伸ばすために使えるのです。

　それも、ことばの学習の中でかなり難関な課題を乗り越えるための素材として使えます。

　文法段階の第5ステージの自閉症児が、逆転の支援「ブロック法」で、"文法表現を身につける方法"を紹介します。

　パズルをことばの学習にするためには、一般的な知育イメージ"子どもが一人で黙々とパズルの課題に取り組む"をまず捨てましょう。孤独な世界に閉じ込もっているだけの状態にならないよう、子どもと向かい合い、活発な会話の交流をしながら行います。

1 ＼ 基本的形容詞を ／ ブロック遊び で使いこなす

第4ステージでは、大小や色などの物理的特徴を表現することば
を理解できるようにはなりますが、色の名前を聞かれて「赤」と単
語で答えられるぐらいのレベルです。

第5ステージでは、「赤いブロック」などの〝修飾語＋名詞〟を
使いこなせるようになることが大切な課題です。

逆転の支援！ 欲しいブロックを修飾語で選ばせる

1、ブロック遊びをしている時に、残っているブロックを大人が
管理し、赤と青のブロックを両手で持ちながら「どっちがいい？赤
いブロック？青いブロック？」と聞きます。子どもが「赤」とだけ
言っても、「赤いブロックだね」と修飾語＋名詞を言って渡します。

2、次に、ブロックを隠してことばだけで、「小さいブロックと大きいブロック、どっちがいい？」と聞きます。子どもが、「大きい」とだけ言っても、「大きいブロックだね」と言って、子どもが今持っているものより大きいブロックを渡します。

支援ポイント● より複雑な文構成をマスター

○ この方法をくり返すことで、より複雑な"修飾部＋名詞"の文を習得することができます。例えば、「スーパーで買ったハンバーグと、コンビニで買ったハンバークどっちがいい？」などです。

　文法を守りながら、複雑な文を構成できるようになることは、第5ステージの目的の一つです。

＼ 空間表現を ／

2 パズル遊び で引き出す

　細かい位置を表す表現のうち、上と中は、「テーブルの上」「冷蔵庫の中」などの表現でよく使うため、比較的早く身につきます。

　しかし、隣・右・左・手前・奥・向こう・近い・遠い・前・後などの習得には、時間がかかります。

　そこで、パズルで親子の会話を増やしながら、位置を表す "空間表現" を身につけます。好きな子どもは毎日でもパズルをやりますので、毎日行えます。

逆転の支援！ 二人でパズルを完成させる

外枠のあるパズルを用意します。親子でパズルのピースを半分ずつ分け合い、交替で自分のピースをはめていきます。パズルの難易度は、子どもが一人でやるにはやや難しいものを選びます。「そのピース、タイヤの "隣" になるんじゃない？」「ハンドルの "近く" に、このピースがくるかもしれないね」など、二人で相談しながらパズルを完成させます。

支援ポイント ● 万能語はなるべく制限して使う

　通常、二人で完成させるパズルでは、「このピースは」「そこらへ
んに」「どこに入るかな」などの、コソアドことばが多用されます。

　しかし、代名詞のコソアドことばはなるべく使わずに「タイヤ」
「ハンドル」などの、普通名詞を使うようにします。

　便利なコソアドことばを覚えてしまうと、それに頼りきりになり、
普通名詞を覚えられなくなるからです。「それ」は、指さしを交え
ればほとんどの身のまわりのものを指せてしまいます。

　また、同じような万能語で、要求の「もっと」があります。これ
もあまり早く教えないほうがよいとされています。「もっと」一言
だけで要求してきたら、「もっと、○○だね」と名詞を添えます。

　しかし、かなりの量の名詞を獲得しているようであれば、コソア
ドことばも積極的に使って表現力全般の向上をはかりましょう。

　二人パズルは、話し手の確信度を表す表現のモデルも示すことが
できます。「車のタイヤの隣に入るに違いないよ」「運転席の近く
だろうと思うよ」「もっと向こうかもしれないね」などです。

＼ 比較表現を ／

3 遊び・食卓 で引き出す

比較表現は、文法の中でやや難しいほうに属します。

ものを、大きさや長さなど、一つの抽象的なモノサシで捉え、他のものと比較するという認知作業が必要です。

逆転の支援！ わざと別の大きさのものを示す

子どもがブロック遊びで使っているブロックよりも大きなブロックを差し出し、「それより大きいブロックいる？」と比較級で聞きます。この時、子どもが持っているブロックに近づけて、比べやすいようにします。または、ブロックを数個見せて、その中から「一番大きなブロックいる？」と最上級で聞きます。

一番大きなブロックいる？

○ 他にも、ミニカー・電車などで遊んでいる時に、「もっと大きいミニカーいる？」「もっと長い電車いる？」などと聞きます。

　ここでも、新しい表現を身につけるためには、子どもが高い関心を持っている日常の活動の中でやることが有効です。

支援ポイント ● 食卓は比較表現の練習の宝庫

　こどもの関心が高い食卓も、比較表現を使いやすい機会です。

　例えば、「パパのお肉のほうが、〇〇君のお肉より大きいね！」「ママのお皿のお肉が、一番大きいよ」などと比較表現を言います。

　比較表現の理解がまだ難しい場合には、目の前にサイズの違う同じものを二つ置きます。

　例えば、食卓にマロンケーキとイチゴケーキを置いて、「大きなほうをあげるよ」と言います。食べものが手に入るので、子どもの意欲も増します。子どもが選んだあとで、「マロンケーキよりもイチゴケーキのほうが大きいね」とコメントして、比較表現を再度聞かせます。

第 **6** ステージ
の基本と特徴の理解

会 話 段階

1 トピックに沿って発話できる

2 伝わらなければ言い直せる

3 順番を交替して会話できる

4 開始・終了のルールを守れる

今日の体育、難しい縄跳びを練習したよ

＼ 第6ステージの基本 ／

● 会話のルールをマスターする

　私たちの社会生活は、顔見知り同士のちょっとした楽しい社交から組織の重要会議も、全て会話で行われています。

　第5ステージで、家庭内で日常生活を送るにはほとんど困らないコミュニケーション力が身についています。

　しかし、いずれは学校で同級生と交流をしたり、将来は面接を受けたりなどの機会が待っています。その場では、生活の基盤を共有していない相手と会話をすることになります。第5ステージまでの発語力では、まだ足りません。

　広い社会参加を可能にするためには、会話力が必要になります。自閉症児にとって、この会話力こそが難題です。

　他人との会話を展開するためには、会話のルールを守ることが必要です。私たちは、毎日いろいろな人と様々な会話をしているため、会話で無意識に多くのルールを守っていることに気がつきにくくなっています。

　会話のルールを守ることは、多くの定型発達児は特に友だちとの交流の中で自然に身についていきますが、自閉症児は社交の機会が乏しいため、ルール一つひとつを身につけていかなければならず、難関になっています。

1 　トピックに沿って発話できる

● 協力して同じトピックを維持する

　重要な会話のルールに、"トピック管理"があります。私たちが会話を交わす時、共通のトピックを一貫させ続けなければ、会話は成立しません。

　そのため、相手がなんらかのトピックを出してきた時に、特に意識せずに相手のトピックと関連性のあることを言おうとします。

　しかし、自閉症児にとって、同じトピックの範囲内で自分に言えることを探すことは難関です。私も、自閉症児の発言で話の流れがわからなくなり、会話が続かなくなった経験が何度もあります。

　トピックを変えたい時は、「話は変わるけど」「ところで」などの"次に私はトピックを変更します"のアナウンスを事前に行わなければなりません。それをやらずにいきなりトピックを変えるのは、会話のルール違反です。"いきなり話が飛躍する人"という不適切な会話者とみなされます。事前アナウンスも難関です。

● 定型発達児　　● 自閉症児

2　伝わらなければ言い直せる

● 相手の反応を見て自分の発言を修正する

　会話のルールに、自分の発言を聞いた相手の様子を観察して、「今、自分が言ったことは伝わらなかったようだぞ」と判断し、会話の継続のために発言を補うなどの修正をして、相手に理解させるということがあります。比較的、早い段階で習得するルールです。

　娘のエリが、イベントの屋台でお兄さんに声をかけましたが、声が小さくて全く気がつかれなかったことがありました。ところが、エリはそのままじっと待っているだけなのです。声をもっと大きくするという修正をしません。
　自閉症児には、"相手の反応を見て自分の発言を修正する"という初歩的なことでも難しいことを痛感しました。

● 自閉症児　　　● 定型発達児

3 順番を交替して会話できる

● 順番に発言するのが会話の大前提

　会話の最も重要なルールとして"ターン・テイキング"がありま
す。ターン・テイキングは、「エスノメソドロジー」（現代社会学の
一流派）が指摘し、言語学でも最も主要な会話のルールとされてい
ます。

　私たちは、会話の参加者がお互いにこのルールを守るものと、暗
黙のうちに前提としています。

　例えば、話しをしていた人が何も言おうとせず、微笑んで相手を
見たら、「私の番はこれで終わりです。次はあなたの番です。さあ、
どうぞ」と相手に番を譲っています。

　まとめるのが難しいことをしゃべる時に、考えるために中断が入
る場合には、「えーと」などの無意味な音で間を埋めて、「まだ発言
中ですよ」と相手に伝えて、割り込ませないようにします。

　誰かがしゃべっている間は、自分の番がくるまで黙って待ってい
なければならないのです。

　このターン・テイキングも、自閉症児にとっては困難なことです。

　療育室では、私が質問しても、そよ風が通り抜けたという程度の
反応すら返ってこない場合があります。

　彼らの何事も起こっていないかのような表情を見ると、どう答え
てよいのかわからないからではなく、"質問されたら次は自分の番"

のルールが身についていないように見えます。

　逆に、娘のエリは、相手に番を譲ろうとせずに自分がしゃべりたい同じようなことを延々としゃべり続け、「ねえ、ちょっとしゃべらせて」と遮らなければならない時期がありました。

　さらに、相手の番の時も、ただ相手のトークを黙って聞いていればいいというわけではありません。うなずきのジェスチャーや、相づちを頻繁に発して（これも、短いターンをとっているわけです）、相手の発言に関心を持っていることを示し続けなければなりません。

　相づちがなければ、相手は「全然話に乗ってこないな。興味がないのだな」と会話を終えてしまうかもしれません。気分を害して、「ねえ、聞いているの？」と言ってくるかもしれません。

4 開始・終了のルールを守れる

● 会話の始まりと終わりには表現のルールがある

「エスノメソドロジー」は、私たちが会話を始める時、会話を終える時には、"定型的な表現をするルールがある"としています。

例えば、会話を始める時は「本日は」など、電話では最初にまず「もしもし」と言います。会話が終わる時には、しばらく沈黙が続いたのを確認してから、誰かが「そろそろですかね」「今日は、こんなところでしょうか」などと、会話の終了を提案します。

このルールも、自閉症児には難しいものです。特に開始のルールについては、自分から話し出すことがほとんどできず、他の人から質問された時にだけ応答したり、会話の主導が困難です。会話の始発が困難なことは、基本的な障害特性の一つとされています。

自閉症児に難しい、会話終了のサインの理解

第6ステージの自閉症児でも、
相手の知っている情報を憶測するのは苦手

映画館で一緒にアニメ映画を観た相手に、「すごかったね」とだけ言っても通じます。

しかし、体験を共有していない相手には、「○○のアニメ映画観たけど、すごかったよ」と映画の情報を言う必要があります。あまり知られていないアニメなら、「○○っていうアニメがあってね、そのアニメの映画観に行ったらすごかったよ」と、○○というアニメ映画があることの前置きが必要です。

話すトピックについて、相手がどの程度の知識を持っているかを推測し、伝えたい重要な情報、「すごかった」を出す前に、"何が・いつ・どこで"などの、説明的な情報（背景情報）を出して、何のトピックなのかをわかってもらわなければ伝わりません。他者心理の理解が苦手な自閉症児は、この情報を抜かしてしまいがちです。

また、「○○だね」という終助詞は、相手とその体験を共有している場合に使い、「○○だよ」は相手にその知識がない場合に使いますが、自閉症児には使い分けは難しいようです。

● 背景情報なし

自閉症児の「私物語」の４タイプ

　会話の中にも、いろいろな特徴を持った種類があります。意見の交換や、やり方の手順や道順の質疑応答などなど。中でも、自分を主人公とした"私物語"（体験談）は、会話の中で大きな位置を占めます。

　前述（P70）したように、"私"を主人公として体験したことをまとめて伝えることが、自閉症児は非常に苦手です。

　ハネン・センターは、自閉症児の"私物語"がどのようなパターンに陥りがちかを以下の４つに分類しています。

1 リストタイプ

　特定の視点からアイテムを列挙するにとどまるタイプ。

2 あっさりタイプ

　細かい部分がなく物足りない程度の量しか話せないタイプ。

3 飛躍タイプ

　時間的な順序を無視して話が飛躍するタイプ。

4 モノローグタイプ（こだわり）

　こだわっていることに関する詳細を一方的にしゃべるタイプ。

　"適度な情報量""聞き手にわかりやすく整理する"などの課題を
こなして、聞き手を引きつけることができるのが、上手な会話者と
言えます。

　しかし、4つのタイプを見る通り、発話のやりとりができるよう
になった自閉症児も、偏ったトークスタイルに陥りがちなのです。

　ことばの学習に最初の大きな出遅れがある自閉症児は、いきなり
"話上手"を目指す前に、周囲から"話し相手となりうる人"と認
知されるレベルを目指すのが穏当かもしれません。

逆転の支援⑦ キーワード法

"わかりやすい"話者になる

● トピックを特定しても詳しい報告は得られないことも

　自閉症児の親ごさんは、子どもの体験報告があっさりすぎると感じる方も多いと思います。

　「今日の体育は何をやったの？」「縄跳び」。大半はこれだけで終わってしまいます。内容の詳細は語られないままです。

　このようにあっさりした一言で終わってしまう背景には、自閉症特有の障害特性が絡んでいると思います。

　まず、彼らは社会的出来事に定型発達児ほどには詳細な注意を向けていないようです。定型発達児は、ほんの短時間の体験であってもその細部まで観察しています。

　例えば、ある定型発達児が三つの言語的報告をするとしましょう。「隣の〇〇君のほうが、速く縄跳びをした」「先生が、二重跳びのお手本を見せてくれた」「縄を振り回して、ふざけている子もいた」。

しかし、自閉症児はそれらを漠然と見過ごしてしまいます。彼らの言語的報告は、「縄跳び」の一言で終わってしまいがちです。目のつけ所ポイントが少ないのです（目のつけ所ポイントの確立方法は、「物事の視点を示す」（P78）で紹介）。

　さらに、子どもが出来事の細かい部分を語れるようになると、次の関門が待っています。それは、会話の重要なルール"会話のトピックに関連した発言をする"です。語れる内容が増えても、トピックから飛躍が多いと聞き手を疲れさせてしまいます。

　会話段階の第6ステージの自閉症児が、逆転の支援「キーワード法」で、"わかりやすい話者になる方法"を紹介します。

\ トピックの一貫性の維持を /

1 反復 から引き出す

　会話の重要なルールに"トピック管理"があります。会話の参加者は、協力し合って一つのトピックに関連する発話を交換し、一貫性を保たなければなりません。

　しかし、"相手の発言のトピックを理解""同じトピックで自分が発言できることを探す"などは、自閉症児には難しい課題です。

逆転の支援！ キーワードだけをくり返す

1、子どもが何か発言したら、その中のキーワードのみを驚きと関心を込めて、尻上がりのイントネーションで大げさにくり返します。

2、キーワードをくり返して、子どもがそのキーワードに関連することを答えるのを待ちます。期待を込めて子どもの顔をじっと見つめ、子どもが何か言うまで最低 20 秒は待ちます。

○ キーワードをくり返すことで、トピックの一貫性が維持された会話展開となります。楽しい雰囲気で盛りあげましょう。

支援ポイント●　たくさんのことばを言わせる
オープン・クエスチョン

イエス・ノークエスチョンは、答えが「うん」か「ちがう」しかありません。そのため、クローズド・クエスチョンと言われます。

キーワードをくり返す質問は、オープン・クエスチョン（なぜ？どんな？など）の一種です。答えの自由度が高いので、関連性があることを記憶から探して文を組み立てる練習になり、キーワードが示されているので、トピックに沿った会話を続けやすくなります。

答えるのが難しければ、「他には何をやったの？」など一言で答えられる Wh 質問を出し、それも難しければ、「鉄棒はやった？」とイエス・ノークエスチョンをするなど、簡単な質問に変えます。

＼ 情報を引き出す発話を ／

2 Wh 質問づくり から引き出す

　子ども自身が簡単な Wh 質問文をつくれるようになるのは、その Wh 質問に答えられるステージの一つ上のステージになってからです。さらに、会話の中で情報を引き出したい時に、適切な Wh 質問文がつくれるようになるのは、第 6 ステージです。

逆転の支援！ キーワードを隠して Wh 質問を引き出す

1、子どもと顔を合わせた時に大げさに、「今日、すごい人に会ったよ！」と言って、「誰？（Who）」が出るのを 10 秒待ちます。

2、10 秒以上待っても子どもから適切な質問が出ない場合は、「誰だと思う？」と、適切な質問文のヒントになることばを続けます。

支援ポイント ● タイミングよく情報を得る質問を

　この方法は、例えば、"芸能人"などの肝心な情報となるキーワードをぼかして、「すごい人」とだけ言い、不十分な情報に対する的確な質問を引き出すハウツーです。他にも、

　What？「今日、すごいものが届いたんだよ！」「なに？」。

　Where？「夏休みの旅行先を決めたよ！」「どこ？」。

　Who？「今日、意外な人に会ったよ！」「誰？」。

　When？「旅行に行く日が決まったよ！」「いつ？」などです。

　適切なWh質問が子どもから出なければ、「なんだと思う？」「どこだと思う？」などとモデルを見せます。

　出来事のハプニング性が高い時には、情報を全部出します。「車が動かなくなっちゃったんだよ！」などと言うと、「どうして？」と原因の質問を引き出しやすくなります。

　また、「人気映画観てきたけど、すごかったよ！」には、「どんな映画だったの？」とHow質問を引き出せる場合があります。

＼ 情報量の多い発話を ／

3 **ありえない話** で引き出す

　子どもが詳しい情報を出せない時に、キーワードにありえないことを加え、それを子どもが訂正することで情報の内容を増やします。

逆転の
支援！ わざと子どもにありえないことを言う

１、例えば、子どもが「新しい先生が来たよ」とだけ言い、詳しい報告をしない時に、「お化けの先生？」というありえないことを言います。冗談だとわかるように、楽しく言いましょう。楽しさは、会話力を伸ばす大切な要因です。

2、子どもは、「そうじゃなくて、男の先生だよ」などと言ってきます。また、「えっ、おじいさん？」「泥棒の先生？」と、ありえないキーワードを言い、子どもが続けて何か言うのを待ちます。子どもが、「ちがうよ」とまた否定し、正しい情報を言うことで、より詳しい話を引き出します。

○　ありえないことばを選ぶことで、視点（性別・外見など）を変えることを誘導できます。例えば、「おじいさん？」と聞くことで、"年齢"という視点の情報を引き出せます。

支援ポイント● 基本はあくまでもキーワードの反復

子どもが、「ちがうよ」などの否定のことばだけを出すパターンに会話が固定化することは望ましくありません。まずは、①（P198）の「キーワードの反復」のアプローチを行い、なかなか発話が続かない時に、この方法を使うようにします。

ことば療育の基本

● 黙って待つ、言い直す、代わりの表現を言う

　子どもが、なかなかことばがまとまらない様子であれば、それは自閉症児にとって非常に貴重な、"考える"という作業をやっている時間に他なりません。

　考えることは、衝動を抑えることです。自閉症児は、衝動抑制が苦手です。衝動抑制に成功して考えている時間を大切にしましょう。

　私たちは、子どもが何かしゃべるのを期待する場面では"待つ"ことが大切です。

　子どもが、ことばを探し当てよう、ことばを文法的に組み立てようと苦心している時には、私たちは待たなければなりません。

　ハネン・センターでは、「最低、心の中で5つ数えるまで待ちなさい」とされています。文章を期待する場合には、最低15秒以上は待ちましょう。

　子どもが考えようとしているのか、考えることを放棄して緊張がゆるんでしまっているのかは、子どもの様子を見ると大体検討がつくと思います。

　子どもが考えるのを放棄しようとしているなと思ったら、その前の大人の発言が難しすぎたのではないかということを検討します。

この時は、大人の発言をより簡単な文に言い直してみましょう。

例えば、「あのジャングルジムで遊んでいる男の子たちは、なんの遊びをしているんだろうね？」という質問に子どもが待っても答えられなければ、「（指さしをしながら）あそこのジャングルジムで男の子たちが遊んでいるね。なんの遊びかな？」とジェスチャーを入れたり、文章を短くしたりしてみます。

また、ここで文法的な誤りがある文や、イマイチな表現が出てきた場合には、「おそらくこういうことを言いたいのだろう」と思われる文に直してゆっくりと言います。

例えば、「男の子が、追いかけている」と子どもが言った場合、「鬼ごっこだね」とより通じやすい表現に言いかえます。

逆に、子どもがうまく発言できた場合、その中の一つの単語をよく使われる別の単語に言いかえて確認発言をすると、語彙の増加につながります。

例えば、「手押し相撲では〇〇君には負けちゃったよ」と言えたら「〇〇君にはかなわなかったんだね」などと、別のわかりやすいことばを使って返します。

言いかえの対象は、子どもが知っているけれど、"使いこなせていないことば"が狙い目です。

おわりに

　娘のエリが、自閉症の診断を受けたのは 5 歳の時です。特殊学級（現支援学級）を勧められましたが、1 年間限定で普通級で様子を見させてもらうようにお願いしました。それから 17 年。エリは桜美林大学芸術文化学群を無事に卒業しました。

　一方で、「会社勤めは無理」という本人の意見で一般就職は見送り、フリーターです。街頭配布ぐらいのアルバイト経験しかありませんが、それでも、勤務先までの路線と所要時間を自分で念入りに調べ、無遅刻で、多い月には 15 万円近くをバイト料から家計に入れてくれます。

　今のエリに会って、すぐに「自閉症だ」と思う人はいないと思います。それでも、長い会話で相手を惹きつけることは難しいようで、友人は一人にとどまっています。自閉症児にとってことばがいかに難関なのか、あらためて痛感します。

　それでも、多くの方に療育成功例として評価されます。私が今、最も効果があったと思っているのは、家庭での日常的なやりとりです。毎日少しでも多く本人に発語させる機会を持たせながら、一緒に家庭生活を送っていると、膨大な発語練習をすることになります。家庭生活の中に療育性を自然に取り入れる、「発達アプローチ」の威力の一端と言えるでしょう。

　逆に、私が最も後悔していることは、「発達アプローチをもっと早く知っていれば」ということです。気がついたのは、もうエリが小学校の中学年に達したころでした。

　みなさまに、この本を通して「ことばの療育ってこんなに楽しいものだったのか！」と思っていただけたら幸いです。

2023 年 9 月　　矢幡 洋

参考文献（順不同）

・『More Than Words』／ Sussman.F. ／ 2012 ／ (Hanen Centre)

・『Talk Ability』／ Sussman.F. ／ 2006 ／ (Hanen Centre)

・『It Takes Two to Talk』／ J.Pepper&E.Weitzman ／ 2004 ／ (Hanen Centre)

・『The Cnildren with Special Needs』／ Greenspan.S.&S.Wieder ／ 1998

・『Do-Watch-Listen-Say』／ Quill.A. ／ 2000

・『Autism and Developmental Delays in Young Children 』／ G.Mahoney& J.MacDonald ／ 2007

・『おうちでできる ESDM 親のための手引き書』／サリー・ロジャーズ、ジェラルディン・ドーソン、ローリー・ヴィスマラ／監修 服巻智子／ 2021 ／ ASD ヴィレッジ出版

・『自閉スペクトラム症超早期介入法アーリー・スタート・デンバー・モデル』／サリー・ロジャーズ、ジェラルディン・ドーソン／監修・監訳 服巻智子／ 2018 ／ ASD ヴィレッジ出版

・『自閉症アスペルガー症候群のＲＤＩ「対人関係発達指導法」対人関係のパズルを解く発達支援プログラム』／スティーブン・ガットステイン／監訳 杉山登志郎／ 2006 ／クリエイツかもがわ

・『自閉症・アスペルガー症候群のＲＤＩアクティビティ［子ども編］家庭・保育園・幼稚園・学校でできる発達支援プログラム』／スティーブン・ガットステイン＆レイチェル・シーリー／監訳 榊原洋一／ 2009 ／明石書店

・『ＳＣＥＲＴＳモデル 1・2巻 自閉症スペクトラム障害の子どもたちのための包括的教育アプローチ』／バリー・プリザント　エミー・ウェザビー／訳 長崎勤・吉田仰希・仲野真央／ 2010 ／日本文化科学社

著 者

矢幡 洋（やはた　よう）

臨床心理士

1958 年東京生まれ。

京都大学文学部心理学専修卒、東京大学学際情報学府卒。

自閉症児の言語発達をテーマにして修士号取得。

40 冊以上の著作を出版し、『数字と踊るエリ』（講談社）は第 33 回講談社ノンフィクション賞の最終候補となる。テレビ出演多数。

著 書

『立ち直るための心理療法』（ちくま新書）2002 年

『パーソナリティ障害』（講談社）2008 年

『もしかして自閉症？子どものために親ができること』（PHP 新書）2008 年

『数字と踊るエリ 娘の自閉症をこえて』（講談社）2011 年

『病み上がりの夜空に』（講談社）2014 年

・他にも著書多数

イラスト …… まうどん

自閉症児のことばを育てる発達アプローチ

ことばの 6 ステージ・特徴の理解と逆転の支援

著　者　　矢幡 洋

初版発行　2023 年 9 月 25 日
3 刷発行　2024 年 6 月 15 日

発行所　ぶどう社

編集／市毛 さやか

〒 154-0011　東京都世田谷区上馬 2-26-6-203

TEL 03 (5779) 3844　FAX 03 (3414) 3911

ホームページ　http://www.budousha.co.jp

印刷・製本／モリモト印刷　用紙／中庄